Le Chevalier
de la charrette

Chrétien de Troyes

Le Chevalier de la charrette

Traduction nouvelle abrégée
par Jean-Pierre Tusseau

Classiques
Texte abrégé

l'école des loisirs
11, rue de Sèvres, Paris 6e

ISBN : 978-2-23831-1

Loi numéro 49 956 du 16 juillet 1949 sur les publications destinées à la jeunesse : janvier 2010
Dépôt légal : août 2019
Imprimé en France par CPI Firmin Didot à Mesnil-sur-l'Estrée (154523)

PRÉSENTATION

Le Chevalier de la charrette, récit composé par le plus célèbre des romanciers du Moyen Âge, Chrétien de Troyes, est une œuvre importante et particulièrement séduisante. Elle permet une première découverte de l'univers merveilleux du roi Arthur et de sa cour prestigieuse, qui rassemble les meilleurs chevaliers du monde autour d'une table ronde marquant l'égalité de tous.

C'est dans cet ouvrage qu'apparaît pour la première fois un mystérieux chevalier, Lancelot du Lac, dont la biographie n'est qu'à peine esquissée. On sait seulement qu'il aurait été élevé par une fée. Son nom n'est prononcé pour la première fois qu'au milieu de l'œuvre, par la reine Guenièvre, qui seule semble habilitée à révéler son identité. Le personnage sera repris et connaîtra un développement considérable dans un immense roman du XIIIe siècle, le *Lancelot en prose*, qui le place définitivement au rang de plus célèbre et plus attachant des chevaliers de la Table Ronde.

Dans cet univers, par certains côtés cultivé, policé, raffiné, on continue à respecter d'étranges et antiques traditions et coutumes, comme le

« don en blanc » ou « don contraignant » – par lequel le roi s'engage à accorder ce qu'on va lui demander avant même de savoir à quels désagréments il s'expose –, qui risquent parfois de remettre en cause l'ordre même et la stabilité du royaume.

De plus, on découvre combien ce monde est fragile et constamment menacé dans son équilibre par les méfaits d'un seigneur voisin particulièrement félon, comme Méléagant.

En suivant Lancelot, on pénètre dans un univers fantastique où l'on peut s'aventurer dans un « cimetière du futur », ou bien, en empruntant des passages redoutables comme le Pont sous l'Eau, ou le Pont de l'Épée, on accède au pays de Gorre, un « autre monde » dont nul ne peut ressortir. Il revient à Lancelot de mettre fin, par ses prouesses, à l'enchantement.

Enfin, et c'est l'un des aspects que développeront les textes ultérieurs consacrés à Lancelot, *Le Chevalier de la charrette* est un grand roman d'amour qui évoque les relations, certes courtoises mais bien charnelles, entre le séduisant chevalier et la reine Guenièvre, épouse du roi Arthur.

Avant de laisser les jeunes lecteurs s'engager dans le sillage de la charrette, il est sans doute utile qu'ils sachent que cette histoire nous est parvenue dans huit manuscrits dont les textes ne sont pas rigoureusement identiques et diffèrent généralement sur des détails, mais aussi parfois sur un point qui soulève un problème. Lancelot a-t-il hésité le temps de deux pas avant de monter dans la charrette, comme le lui reprochera Guenièvre ? C'est ce que suggèrent trois manuscrits. Ces divergences sont signalées par des notes en bas de page.

Enfin, le lecteur risque de s'égarer sur des pistes que Chrétien de Troyes entrouvre sans les exploiter. On s'interrogera ainsi vainement sur l'identité de quelques demoiselles qui croisent la route de Lancelot ou sur la nature des services que le chevalier leur a autrefois rendus ou leur rendra plus tard.

Ainsi avertis, les lecteurs devraient se laisser séduire par la variété des aventures chevaleresques et les multiples rebondissements de l'intrigue dans ce roman qui leur permettra de découvrir l'univers arthurien.

JEAN-PIERRE TUSSEAU

PROLOGUE

Puisque ma dame de Champagne le veut, j'entreprendrai très volontiers un roman. Je le ferai en homme entièrement dévoué à son service, sans m'adonner à la moindre flatterie. Tel autre pourrait éventuellement commencer en disant qu'aussi vrai que la brise d'avril ou de mai est plus agréable que tous les autres vents, les qualités de ma dame surpassent celles de toutes les autres. Irai-je dire aussi qu'ainsi qu'une seule pierre précieuse éclipse toutes les perles et les sardoines*[1], telle est ma dame en regard des autres reines ? Certes non, car je ne suis pas du genre à la flatter. Et pourtant cela est vrai. Je tiens simplement à affirmer que, dans cette entreprise, sa part a plus d'importance que toutes mes réflexions et tous les efforts que j'y déploie. Moi, Chrétien, je commence ici le livre du *Chevalier de la charrette*. La comtesse fournit la matière et l'idée directrice ; mon travail d'auteur ne consiste qu'à les mettre en forme le plus soigneusement possible.

1. Le sens des mots suivis d'un astérisque est expliqué dans le glossaire, pp. 197-203.

L'ENLÈVEMENT DE GUENIÈVRE

Au jour de l'Ascension[1], le roi Arthur avait réuni sa cour plénière avec tout le faste qu'il aimait et qui convenait à son rang. Le repas terminé, il était resté dans la grande salle du palais avec ses barons qui étaient venus en grand nombre. La reine ainsi que maintes belles et nobles dames, qui s'exprimaient avec élégance en français, s'étaient jointes à eux. Le sénéchal* Keu, qui avait assuré le bon ordonnancement du service, pouvait alors manger à son tour avec les connétables*.

Alors que ce dernier était encore attablé, voilà que fait irruption à la cour un chevalier fort bien équipé de pied en cap[2]. Il s'avance devant le roi et, sans même le saluer, lui déclare[3] :

– Roi Arthur, je retiens dans ma prison des chevaliers, des dames et des demoiselles de ta

1. Les autres grandes dates de réunion de la cour du roi sont Pâques et la Pentecôte.

2. Des pieds à la tête.

3. Triple impolitesse : le chevalier entre sans descendre de cheval, garde son casque et ne salue pas le roi !

terre et de ta maison. Je ne te donne pas de leurs nouvelles parce que mon intention n'est pas de te les rendre. Bien au contraire. J'entends te faire savoir que tu n'as ni assez de forces ni assez de richesses pour les faire libérer. Tu mourras sans avoir rien pu faire pour eux.

Le roi, profondément humilié, ne peut que répondre qu'il est bien obligé de se résigner.

Alors, sans s'attarder davantage, le chevalier fait demi-tour pour s'en aller. Mais, rendu à la porte de la salle, au lieu de dévaler les marches, il s'arrête et lance encore ces paroles :

– Roi, s'il se trouve à ta cour un chevalier en qui tu aies suffisamment confiance pour le laisser, après mon départ, mener la reine jusque dans le bois tout proche, je l'attendrai aux conditions que voici : je m'engage à libérer tous les prisonniers retenus sur ma terre si, à l'issue du combat dont elle sera l'enjeu, ce chevalier se montre capable de triompher de moi et de ramener la reine.

Dans le palais, tous ceux qui viennent d'entendre ce défi sont bouleversés.

La nouvelle parvient aux oreilles de Keu qui mangeait avec les autres serviteurs. Il quitte alors la table, vient aussitôt devant le roi et lui lance, comme en proie à une violente colère :

– Roi, je vous ai longtemps fidèlement et loyalement servi, mais c'est fini ! À présent, je veux prendre congé* et m'en aller.

Le roi, fort affecté par de tels propos, prend le temps de se ressaisir et demande :

– Parlez-vous sérieusement ou est-ce une plaisanterie ?

– Seigneur, je ne suis pas d'humeur à plaisanter. Je demande congé, c'est une chose certaine. Je ne vous réclame aucune rémunération ni récompense pour mon service. Ma décision est prise. Elle est sans appel.

– Pourquoi voulez-vous partir ? Est-ce un coup de colère ou est-ce par dépit ? Sénéchal, demeurez à la cour comme vous l'avez fait jusque-là. Il n'est rien de ce qui dépend de moi que je ne sois prêt à vous accorder sur l'heure pour que vous restiez[1].

– Seigneur, vous perdez votre temps. Je n'accepterai pas même un setier* d'or pur chaque jour pour demeurer ici davantage.

Le roi, au désespoir, va trouver la reine.

– Madame, lui dit-il, savez-vous ce que le sénéchal me réclame ? Il me demande congé. Je ne sais pourquoi. Mais si c'est vous qui l'en priez, il vous accordera ce qu'il me refuse. Allez le voir, ma chère épouse. Qu'il reste pour vous. Jetez-vous à ses pieds s'il le faut. Je serais trop malheureux d'être privé de sa compagnie.

1. Le roi Arthur a des relations privilégiées avec Keu, qui, d'après Robert de Boron dans son *Roman de Merlin*, est son frère de lait.

À la demande du roi, la reine va trouver le sénéchal. Elle vient tout près de lui et lui dit :

– Keu, sachez que je suis très contrariée de ce que je viens d'apprendre à votre sujet. Il paraît que vous voulez quitter le service du roi. Quelle est la cause de cette décision qui me semble bien déraisonnable ? Restez à la cour, je vous en prie.

– Madame, excusez-moi, mais il n'en est pas question.

La reine l'en prie une nouvelle fois, soutenue par l'ensemble des chevaliers. Mais Keu lui répète qu'elle perd son temps. Alors, elle se jette à ses pieds. Aussitôt, il la presse de se relever, ce qu'elle refuse de faire aussi longtemps qu'il n'aura pas accédé à sa requête. Alors, Keu accepte de rester, à condition que le roi lui accorde par avance ce qu'il demandera[1] et qu'elle-même en fasse autant.

– Keu, répond la reine, quel que soit votre souhait, lui et moi, nous vous l'accorderons. Venez avec moi lui annoncer à quel prix vous consentez à demeurer parmi nous.

Tous deux vont trouver le roi.

– Seigneur, dit la reine, ce n'est qu'à grand-peine que j'ai réussi à retenir Keu, à la condition que vous lui concédiez ce qu'il demandera.

1. C'est ce qu'on appelle le « don en blanc » ou « don contraignant », souvent lourd de conséquences du point de vue narratif, comme c'est le cas ici.

Le roi, soulagé et heureux, s'y engage.

– Seigneur, apprenez donc ce que je m'estime très honoré d'avoir obtenu de vous : vous venez de placer la reine ici présente sous ma protection ; nous irons rejoindre le chevalier qui nous attend dans la forêt.

Le roi est consterné par ce qu'il vient d'entendre. Mais jamais encore il n'est revenu sur la parole donnée. C'est bien à contrecœur, cela se voit sur son visage, qu'il consent néanmoins à charger Keu de cette mission. La reine aussi s'en afflige, et tout le monde se dit que la requête du sénéchal était inspirée par l'orgueil, la présomption et la déraison.

Alors le roi, prenant la reine par la main, lui dit :

– Madame, il vous est impossible de ne pas partir avec Keu.

Et celui-ci répond :

– Vous pouvez me la confier sans crainte, je me charge de vous la ramener saine et sauve.

En proie à une grande inquiétude, toute l'assistance accompagna Keu et la reine à l'extérieur du palais. On aida le sénéchal à revêtir son armure. On lui amena son cheval au milieu de la cour, ainsi qu'un palefroi* pour la reine. Triste et accablée, elle soupirait de sorte qu'on ne puisse pas l'entendre :

– Ah ! mon ami, vous ne devriez pas me laisser emmener ainsi sans vous y opposer !

Elle croyait avoir dit cela tout bas, mais le comte Guinable, qui se trouvait près d'elle lorsqu'elle monta à cheval, l'entendit.

Au moment du départ, tout le monde pleurait à chaudes larmes comme si la reine était déjà morte et enterrée. Le présomptueux sénéchal la conduisit là où attendait le chevalier, sans que personne prenne l'initiative de les suivre. Monseigneur Gauvain fut le premier à réagir. Il dit bien haut et fort au roi, son oncle :

– Seigneur, je suis stupéfait de la grande naïveté avec laquelle vous avez agi. Avant qu'ils ne soient trop loin, nous pourrions leur emboîter le pas, vous et moi, et tous ceux qui voudront bien nous accompagner. Il serait inconcevable de ne pas le faire et d'ignorer quels seront le sort de la reine et le comportement de Keu.

– Cher neveu, vous avez parlé sagement. Ne tardons pas davantage. Puisque l'initiative vous revient, donnez tout de suite l'ordre de sortir les chevaux. Qu'on leur mette le mors et la selle afin qu'ils soient prêts pour notre départ.

L'ordre fut aussitôt exécuté et les chevaux rapidement amenés, harnachés et sellés. Le roi monta le premier, suivi par monseigneur Gauvain, puis par tous les autres. Chacun y alla comme il l'entendait. Certains étaient armés. D'autres non. Monseigneur Gauvain avait revêtu son armure et il était accompagné de deux écuyers* menant chacun de la main droite un destrier*.

Alors qu'ils arrivaient à proximité de la forêt, ils virent déboucher le cheval de Keu, les rênes rompues, l'étrivière* maculée de sang, l'arçon* arrière de la selle complètement déchiqueté. Ils en furent tous très affligés.

LA CHARRETTE

Monseigneur Gauvain, qui chevauchait bien avant le reste de la troupe, vit bientôt venir un chevalier qui avançait au pas sur un cheval fourbu et tout en sueur. Le chevalier, qui a reconnu Gauvain, l'a salué et celui-ci lui a rendu son salut.

– Seigneur, vous constatez dans quel piteux état est mon cheval. Il n'est plus bon à rien. Je vois que vous disposez de deux destriers. C'est pourquoi, en vous assurant que je vous revaudrai ce service, je vous demande de me prêter ou de me donner l'un d'eux.

– Choisissez celui que vous préférez.

Le chevalier, qui en avait grand besoin, ne prit pas la peine d'examiner lequel était le meilleur. Il monta sur celui qui était le plus proche et le lança aussitôt au galop. Le cheval qu'il venait d'abandonner tomba raide mort, tant il avait été mis à rude épreuve toute la journée. Sans perdre de temps, le chevalier se dirigea vers la forêt. Monseigneur Gauvain, à son tour, entreprit une poursuite acharnée qui le mena au bas d'une colline. Là, il retrouva mort le cheval qu'il avait cédé peu auparavant. Et il vit le sol tout autour piétiné par les sabots de plusieurs chevaux et jonché de débris d'écus* et de lances. Pour sûr, il s'était déroulé en ce lieu un grand combat entre plusieurs chevaliers. Il regretta vivement de ne pas y avoir pris part. Mais il ne s'attarda pas et repartit à vive allure, jusqu'au moment où il aperçut le chevalier, qui allait seul, à pied, tout armé, le heaume* lacé, l'écu au cou et l'épée à la ceinture. Celui-ci, en marchant, venait juste d'arriver à la hauteur d'une charrette.

On se servait alors des charrettes comme aujourd'hui des piloris*. Dans chaque bonne ville où l'on en compte aujourd'hui plus de trois mille, il n'y en avait qu'une seule autrefois. Elle servait alors, comme nos piloris, aux traîtres, aux meurtriers, aux voleurs, aux bandits de grand chemin ou aux vaincus en combat judiciaire*.

Celui qui était pris sur le fait était mis sur la charrette et mené à travers toutes les rues. Il était ainsi définitivement déshonoré et, dès lors, exclu de toutes les cours. En ce temps-là, la réputation des charrettes était tellement sinistre qu'on avait coutume de dire : « Quand une charrette tu verras ou croiseras, fais ton signe de croix et demande à Dieu, le Seigneur, de te garder d'un tel malheur. »

Le chevalier, à pied, sans lance, s'approche de la charrette. Il voit un nain juché sur les limons* qui, en bon charretier, tient une baguette à la main.

Il lui demande :

– Nain, dis-moi si tu as vu passer madame la reine.

Le nain, cet être vil et de la pire espèce, ne veut lui donner aucune nouvelle. Il se contente de lui dire :

– Si tu acceptes de monter sur la charrette que je conduis, tu pourras savoir demain ce que la reine est devenue.

Sur ce, il se remet en route sans plus attendre. Et le chevalier a laissé le nain repartir sans monter dans la charrette. C'est pour son malheur qu'il a eu honte d'y sauter aussitôt[1]. Il le paiera fort cher.

La Raison, qui s'oppose à l'Amour, lui déconseille d'y monter et lui rappelle qu'on ne doit rien entreprendre qui apporte la honte ou le reproche. La voix de la Raison qui ose lui dire cela parle par sa bouche, mais non pas par son cœur. Mais l'Amour, qui est en son cœur, l'exhorte à monter sans tarder dans la charrette. Puisque tel est le commandement de l'Amour, le chevalier y saute. Peu lui importe la honte.

Monseigneur Gauvain avait lancé son cheval au galop pour rattraper la charrette. Découvrant le chevalier assis dedans, il ne manqua pas d'être fort surpris et dit au nain :

1. A-t-il hésité le temps de « deux pas » ? Cette précision (*tant solement deus pas demore*) à propos de laquelle on a beaucoup écrit et discuté ne figure que dans trois manuscrits. (Sur l'établissement du texte, voir pp. 192-195.)

– Nain, si tu sais quelque chose à propos de la reine, dis-le-moi.

Le nain lui répondit :

– Si tu as autant de mépris pour toi-même que celui qui est assis ici, monte le rejoindre, si le cœur t'en dit, et je t'emmènerai avec lui.

Monseigneur Gauvain estima que c'était pure folie. Il répondit qu'il ne monterait dans la charrette à aucun prix, et qu'il perdrait vraiment trop au change.

– Va où tu voudras, là où tu iras, j'irai, dit-il.

Ils se remirent alors en route en suivant le même chemin, l'un à cheval, les deux autres à bord de la charrette.

LE LIT AVENTUREUX

Bien après l'heure de vêpres*, ils arrivèrent à un château qui, sachez-le, était très imposant et très beau. Tous trois en franchirent la porte d'entrée.

À la vue du chevalier transporté dans la charrette, les gens qui se trouvaient là furent saisis d'étonnement et tous, petits et grands, les vieillards comme les enfants, commencèrent par le huer et lui crier des injures.

– À quel supplice ce chevalier sera-t-il livré ? demandèrent-ils ensuite. Sera-t-il écorché vif ou pendu ? Sera-t-il noyé ou brûlé sur un bûcher ? Dis-nous, nain, toi qui le mènes, de quel crime est-il coupable ? A-t-il commis un vol ? A-t-il été vaincu en combat judiciaire ?

Le nain, impassible, passa sans répondre. Toujours suivi de Gauvain, il conduisit le chevalier jusqu'au lieu où il allait être hébergé : une tour bâtie sur une roche escarpée, dominant une vaste prairie en contrebas.

Suivant la charrette, Gauvain pénétra à cheval à l'intérieur de la tour. Une demoiselle, sans doute la plus belle du pays, se trouvait là pour les accueillir. Deux autres, tout aussi gracieuses, vinrent la rejoindre. Dès qu'elles aperçurent monseigneur Gauvain, elles lui réservèrent un joyeux accueil. À propos de l'autre chevalier, elles demandèrent :

– Nain, quel forfait a commis celui que tu transportes comme un impotent ?

Sans leur donner la moindre explication, il fit descendre le chevalier de la charrette et s'en alla.

Dès que monseigneur Gauvain mit pied à terre, des valets* s'approchèrent pour aider les deux chevaliers à retirer leurs armures. La demoiselle leur fit apporter des manteaux* garnis de fourrure de petit-gris* qu'ils revêtirent. Puis, quand vint le moment de souper, elle s'assit à côté de monseigneur Gauvain. Elle les reçut avec beaucoup d'égards et, tout au long de la soirée, leur tint très agréablement compagnie. Nulle part, ils n'auraient pu recevoir meilleur accueil.

Plus tard, dans la soirée, on fit préparer pour eux, dans une salle voisine, deux lits grands et hauts. Comme l'affirme le conte[1], on y trouvait tout le confort qu'on peut attendre d'un lit. Il y en avait cependant un troisième, encore plus beau et plus somptueux. Quand fut venue l'heure de se coucher, la demoiselle accompagna ses deux hôtes. Leur montrant les deux lits, beaux et spacieux, elle leur dit :

1. Allusion à un conte dont se serait inspiré Chrétien de Troyes.

– Ces deux lits sont pour vous, mais le troisième, que vous voyez de l'autre côté, ne vous est pas destiné. Nul ne peut s'y coucher s'il ne l'a mérité.

Le chevalier qui était venu à bord de la charrette, considérant avec dédain la mise en garde de la jeune fille, demanda :

– Peut-on savoir quelle est la raison de cette interdiction ?

Elle lui répondit aussitôt, sans même prendre le temps de réfléchir car sa réponse était toute prête :

– Ce n'est certainement pas à vous, chevalier sans honneur qui êtes arrivé sur la charrette, de faire une telle demande. Si vous envisagiez de coucher dans ce lit, vous ne manqueriez pas de le payer très cher.

– C'est ce que vous verrez le moment venu.

– Ce que je verrai ? Essayez donc.

– Je ne sais ce qu'il en coûtera, dit le chevalier. Peu importe qui s'en fâche ou s'en chagrine. Mais, cette nuit, c'est dans ce lit que je veux dormir.

Quand il eut retiré ses chausses*, il se coucha dans le lit, qui était plus long et plus haut d'une demi-aune* que les deux autres, sous une couverture de samit* jaune, brodée de fil d'or et doublée non pas de petit-gris mais de zibeline. La couverture était bien digne d'un roi et le sommier n'était pas garni de chaume, ni de paille, ni de vieilles nattes.

À minuit, depuis les lattes du toit, une lance jaillit comme la foudre, le fer pointé vers le bas, pour clouer le chevalier au lit sur lequel il était étendu. La lance était ornée d'une banderole enflammée qui mit le feu au drap et à la couverture, et le fer effleura le côté du chevalier sans le blesser. Il se redressa, éteignit le feu, attrapa la lance et, sans même quitter le lit, la jeta au milieu de la pièce, puis il se recoucha et s'endormit aussi tranquillement qu'il avait commencé à le faire.

Le lendemain, au petit jour, la demoiselle fit réveiller et lever ses hôtes. Après avoir écouté la messe, le chevalier qui avait voyagé sur la charrette s'était approché de la fenêtre et, tout à ses pensées, laissait son regard errer sur la prairie en contrebas. Près de l'autre fenêtre, la jeune fille écoutait alors les propos que lui tenait en tête à tête monseigneur Gauvain. Je ne peux vous dire de quoi ils parlaient.

C'est alors qu'ils aperçurent près de la rivière, allongé sur une litière portée par des chevaux, un chevalier et, à côté de lui, trois demoiselles qui pleuraient en poussant de grands cris. Derrière la litière, venait un cortège mené par un grand chevalier, conduisant à sa gauche une dame très belle.

Celui qui était monté dans la charrette n'eut aucune peine à reconnaître la reine. Il ne pouvait s'empêcher de la regarder, complètement charmé. Et, lorsqu'il ne lui fut plus possible de la voir, il se pencha par la fenêtre au point de risquer de basculer dans le vide[1]. Il avait déjà la moitié du corps à l'extérieur lorsque monseigneur Gauvain s'en aperçut juste à temps, le tira en arrière et lui dit :

– De grâce, seigneur, calmez-vous, ne vous mettez pas de telles folies en tête. Vous avez grand tort de faire si peu de cas de votre vie.

– Non, il a raison, repartit la demoiselle. Son déshonneur d'être monté dans la charrette sera bientôt connu partout. Il ne peut que souhaiter la mort, tant sa vie est désormais vouée à la honte.

Les deux chevaliers demandèrent qu'on leur apporte leurs armes et s'équipèrent. La demoiselle fit alors un geste particulièrement noble et généreux : à celui dont elle s'était moquée et qu'elle avait ouvertement rabroué, elle fit don d'un cheval et d'une lance en gage d'amitié et de réconciliation.

En gens courtois et bien éduqués, ils prirent congé de la demoiselle et, après l'avoir saluée, ils sont sortis du château sans que personne les interpelle. Ils ont pris le chemin par lequel ils avaient vu passer la reine, mais sans pouvoir rejoindre la petite troupe qui avançait à bride abattue. À l'autre extrémité de la prairie, après avoir franchi une barrière, ils ont trouvé un chemin empierré qu'ils ont suivi à travers la forêt jusque vers la première

1. « *Si se vost jus lessier cheoir* » (vers 566). Cela pourrait presque être interprété comme une tentative de suicide.

heure du jour. À un carrefour, ils rencontrèrent une demoiselle qu'ils ne manquèrent pas de saluer tous les deux. Ils la prièrent instamment de leur dire, si elle le savait, où la reine avait été emmenée.

En femme avisée, elle leur fit cette réponse :

– Si vous acceptez mes conditions, je pourrai vous indiquer le bon chemin. Je vous donnerai aussi le nom du pays et celui du chevalier qui l'emmène. Mais quelles terribles épreuves il faudrait endurer avant de pouvoir pénétrer dans ce pays !

– Mademoiselle, par Dieu, intervint monseigneur Gauvain, je vous promets solennellement de me mettre à votre service quand il vous plaira, à la seule condition que vous me disiez ce qu'il en est.

Le chevalier de la charrette, sans faire le même serment, mû par l'audace que donne l'amour, jura qu'il se mettrait à son entière disposition.

– Je vais donc tout vous dire, rétorqua la demoiselle. En vérité, Méléagant, le fils du roi de Gorre, est un chevalier de très haute taille et d'une force peu commune. C'est lui qui s'est emparé de la reine et l'a conduite dans le royaume dont nul étranger ne revient, contraint d'y demeurer prisonnier pour le reste de ses jours.

– Demoiselle, quel chemin devons-nous suivre pour nous rendre en ce pays ? demanda Gauvain.

– Vous allez devoir affronter bien des obstacles et des passages semés d'embûches, car pénétrer dans ce pays sans l'autorisation du roi est une entreprise terriblement risquée. Le premier se nomme le Pont sous l'Eau parce qu'il est entièrement immergé. Il y a autant d'eau au-dessous qu'au-dessus, et le passage lui-même ne fait pas plus d'un demi-pied de large et de haut. C'est un plaisir dont on se dispense volontiers. C'est pourtant l'accès le moins périlleux. L'autre est encore pire. Personne encore n'a réussi à le franchir car il est tranchant comme la lame d'une épée. C'est pour cela qu'on l'appelle le Pont de l'Épée. Je vous ai dit tout ce que je savais.

Gauvain lui demanda encore :

– Demoiselle, indiquez-nous les chemins qui mènent à ces deux ponts.

Et la demoiselle répondit :

– Ce chemin mène directement au Pont sous l'Eau et l'autre au Pont de l'Épée.

Alors le chevalier qui avait été sur la charrette proposa à son compagnon :

– Seigneur, je vous invite à choisir le chemin qui vous convient. L'autre me reviendra de plein droit.

– En vérité, dit monseigneur Gauvain, les deux passages sont extrêmement dangereux. Choisir l'un ou l'autre n'est guère raisonnable. Mais puisque vous me le proposez, je n'hésiterai pas plus longtemps : je choisis le Pont sous l'Eau.

– C'est donc à moi que revient le Pont de l'Épée.

Après s'être mutuellement recommandés à Dieu, les deux chevaliers se sont séparés.

Les voyant s'éloigner, la demoiselle leur rappela :

– Chacun de vous me doit un service au moment où je le lui demanderai. Gardez-vous bien de l'oublier.

– Soyez certaine que nous ne vous oublierons pas, chère amie, répondirent-ils.

LE GUÉ AVENTUREUX

Chacun s'en alla dans la direction qu'il avait choisie.

Le chevalier de la charrette était profondément plongé dans ses réflexions, comme un être totalement en proie à l'amour, au point de s'oublier lui-même, d'oublier sa propre existence, d'oublier jusqu'à son nom et de ne plus savoir s'il était armé ou non. Il ne savait plus d'où il venait, il ignorait où il allait. Une seule pensée occupait son esprit, si intensément qu'à cause d'elle il était incapable de voir, d'entendre ou de comprendre le monde qui l'entourait. Il se laissait emporter à vive allure par son cheval sur le chemin le plus direct.

L'animal le mena jusqu'à une lande dans laquelle coulait une rivière qu'on pouvait traverser par un gué. Sur l'autre rive, un chevalier tout armé en assurait la garde. À ses côtés, sur un palefroi, une demoiselle lui tenait compagnie. L'heure de none* était déjà passée, et le chevalier de la charrette restait toujours aussi intensément absorbé par ses pensées. En apercevant le gué, son cheval, qui avait grand-soif, se dirigea tout droit vers l'eau. Le chevalier qui se trouvait de l'autre côté s'écria :

– Chevalier, je garde le gué et je vous en interdis le passage.

L'autre, qui n'écoutait pas, n'a rien entendu. Le cheval s'est mis à galoper vers l'eau.

Alors le gardien lui a ordonné de retenir l'animal.

– Renonce au gué. Tu agiras sagement. Ce n'est pas par là qu'il te faut passer.

Et il menaça de l'attaquer s'il osait y pénétrer.

Toujours en proie à sa rêverie, le chevalier, qui n'a rien entendu, a laissé son cheval quitter la rive et sauter dans l'eau pour y boire avidement.

Le gardien jura qu'il allait le payer cher et que ni l'écu qu'il portait, ni le haubert* qu'il avait sur le dos ne pourraient le protéger efficacement.

Aussitôt, ayant lancé son destrier au galop, il va le frapper si violemment qu'il fait voler en l'air la lance et l'écu, et le fait choir en plein milieu du gué dont il lui a interdit l'accès.

Au contact de l'eau, le chevalier réagit. Il se relève d'un bond comme s'il se réveillait en sursaut. Il voit. Il entend. Il s'étonne. Il se demande d'où peut bien provenir le coup qu'il a reçu. Apercevant l'autre, il lui demande :

– Vassal, pourquoi m'avez-vous frappé alors que je ne vous avais causé aucun tort ? Je ne savais même pas que vous vous trouviez là.

– Par trois fois, en criant aussi fort que je le pouvais, je vous ai interdit l'accès du gué. Vous y avez pénétré contre mon gré. Je vous avais prévenu que je vous attaquerais sitôt que votre cheval pénétrerait dans l'eau.

– Cela se peut, mais j'étais plongé dans mes pensées. Sachez bien que, si je pouvais saisir d'une main les rênes de votre cheval, vous vous seriez repenti de m'avoir attaqué.

– Essaie donc si tu l'oses car je n'ai que faire de tes menaces et de ton arrogance.

– Je ne demande pas mieux. Advienne que pourra.

Le chevalier s'avance jusqu'au milieu du gué. Il saisit de la main gauche les rênes du cheval et, de la main droite, agrippe le gardien par la cuisse. Il le serre si fort, le tire et le secoue tant et si bien que l'autre gémit et le supplie d'arrêter.

– Chevalier, lui propose-t-il, si tu veux te mesurer à moi d'égal à égal, prends ton écu et ta lance, remonte sur ton cheval et combattons normalement.

– Je n'en ferai rien car, dès que je t'aurai lâché, tu vas prendre la fuite.

L'autre, profondément insulté, réplique :

– Prends le temps de monter sur ton cheval. Je te donne loyalement ma parole de ne pas chercher à fuir.

– J'exige que tu me garantisses par serment que non seulement tu ne t'enfuiras pas, mais aussi que tu ne tenteras pas de m'attaquer et que tu ne t'approcheras pas de moi avant que je sois en selle. Je me montre déjà très généreux de consentir à te lâcher alors que je te tiens si bien.

Le gardien, qui n'a pas le choix, prononce le serment demandé.

Alors, le chevalier va ramasser son écu et sa lance qui flottaient au milieu du gué et avaient dérivé au fil de l'eau. Puis il revient prendre son cheval. Une fois qu'il est bien en selle, qu'il tient bien l'écu par les énarmes* et que sa lance est bien calée contre l'arçon de sa selle, tous deux s'élancent l'un contre l'autre de toute la vitesse de leurs chevaux. Le gardien du gué frappe le premier, avec une violence telle que sa lance vole en éclats. Mais, en réponse, il reçoit un coup qui le désarçonne et l'expédie de tout son long au beau milieu du gué, là où l'eau est la plus profonde et le recouvre entièrement.

Le chevalier fait reculer sa monture et met pied à terre. Il tire du fourreau son épée d'acier. L'autre s'est relevé. Il tire aussi la sienne qui est solide et flamboyante. Alors commence un rude combat au corps à corps. Protégés par leurs écus aux reflets dorés, ils ne ménagent pas les coups qu'ils se portent. La bataille se prolonge et le chevalier de la charrette s'impatiente de mettre tant de temps à venir à bout d'un seul adversaire. Il éprouve une certaine honte de ne pas être à la hauteur, alors qu'hier encore il se sentait de taille à venir à bout de cent hommes. Alors, las de distribuer en vain ses coups et de perdre son temps, il se rue sur son adversaire et le harcèle avec une telle vigueur que l'autre est obligé de lâcher pied, de reculer, de fuir, lui libérant bien à contrecœur le passage du gué. Serré de si près, il trébuche et tombe sur les mains. Le chevalier de la charrette lui jure, par tout ce qu'il a sous les yeux, qu'il va payer cher de l'avoir tiré de ses pensées et fait choir au milieu du gué. La demoiselle, tout effrayée par les menaces qu'elle vient d'entendre, le supplie de renoncer à tuer son ami.

– Je n'épargnerai pas celui qui m'a couvert de honte, dit-il. Je ne lui accorderai pas la grâce que vous demandez. Je le tuerai.

Et il s'approche en brandissant son épée. L'autre, terrorisé, supplie :

– Pour l'amour de Dieu, accordez la grâce que moi aussi je vous demande.

– Si grave qu'ait été l'offense, on ne peut refuser une grâce demandée au nom de l'amour de Dieu. Je te l'accorde. Mais, auparavant, tu vas me promettre de te rendre prisonnier là où je voudrai et quand je t'en donnerai l'ordre.

L'autre en fait le serment, quoi qu'il lui en coûte. Alors la demoiselle intervient à nouveau :

– Chevalier, dans ta générosité, tu viens de lui accorder la grâce qu'il te demandait. Si tu as jamais libéré un prisonnier, libère aussi celui-là pour moi. Proclame-le quitte de sa peine. En échange, je m'engage de toutes mes forces à te rendre le service qu'il te plaira le moment venu.

Aux paroles qu'elle vient de prononcer, le chevalier comprend qui est la jeune fille et accorde aussitôt la liberté à son prisonnier. Celle-ci, éprouve une certaine gêne car elle craint qu'il ne l'ait reconnue, ce qu'elle aurait voulu éviter[1].

Mais il avait hâte de repartir. Ils se recommandent tous mutuellement à Dieu avant de se séparer.

1. Le mystère n'est pas éclairci pour le lecteur qui ne sait pas, et ne saura jamais, qui est cette demoiselle.

LA DEMOISELLE TENTATRICE

Il avait chevauché jusque vers l'heure de vêpres lorsqu'il fit la rencontre d'une demoiselle très belle, très gracieuse et élégamment vêtue. En femme sage et bien éduquée, elle ne manqua pas de le saluer. Il lui répondit :

– Demoiselle, que Dieu vous donne bonheur et santé.

– Seigneur, si vous daignez l'accepter, je peux vous accueillir en ma demeure, toute proche d'ici. Je pose pour seule condition que vous acceptiez de coucher avec moi.

J'en connais plus d'un qui l'aurait mille fois remerciée d'une telle proposition, mais le chevalier s'est rembruni et a, au contraire, rétorqué :

– Demoiselle, j'apprécie grandement votre offre d'hébergement, mais, si vous le voulez bien, je me dispenserai de coucher avec vous.

– Par la prunelle de mes yeux, vous n'aurez droit à rien si vous n'acceptez pas cette condition !

Lui, qui ne pouvait faire autrement, se résigna à contrecœur.

Elle le conduisit jusqu'en un lieu particulièrement beau, entouré de hauts murs et d'eau profonde. À l'intérieur de l'enceinte, il n'y avait pas un seul homme, à l'exception de celui qu'elle amenait. Après avoir chevauché le long de la rivière, ils arrivèrent devant le logis, franchirent le pont-levis, qui était abaissé, et entrèrent dans la grande salle dont la porte était ouverte.

La table était recouverte d'une grande nappe. On avait déjà apporté les plats et disposé des chandeliers avec des chandelles allumées, des hanaps* d'argent et deux pots, l'un rempli d'un vin de mûre et l'autre d'un vin blanc capiteux. Devant la table, à l'extrémité d'un banc, ils trouvèrent deux cuvettes remplies d'eau chaude pour se laver les mains et une belle serviette blanche finement ouvragée pour se les essuyer.

N'ayant ni croisé ni aperçu un seul valet, le chevalier ôta lui-même l'écu qui pendait à son cou et le suspendit à un crochet. Après avoir déposé sa lance contre un support, il descendit de son cheval et la demoiselle aussi mit pied à terre. Le chevalier apprécia qu'elle n'ait pas attendu qu'il vienne l'aider. Elle courut aussitôt à une chambre et en revint porteuse d'un manteau court de fine écarlate* pour l'en revêtir.

Au-dehors, le ciel était illuminé d'étoiles. Il faisait bien clair dans la grande salle, éclairée par de grosses chandelles torsadées. Après avoir placé le manteau sur les épaules du chevalier, la demoiselle lui dit :

– Cher ami, voici l'eau et la serviette. Personne

d'autre que moi n'est là pour vous les présenter. Je vous invite à vous laver les mains, puis à passer à table. Il est l'heure de manger.

– Volontiers, dit-il en s'asseyant.

Elle prit place à côté de lui. Ils mangèrent et burent ensemble. Lorsque vint le moment de quitter la table, la demoiselle lui dit :

– Seigneur, allez dehors prendre l'air si vous le désirez et restez-y jusqu'au moment où vous penserez que je dois être couchée. Venez alors me rejoindre et tenir votre engagement.

Il sortit et s'attarda au milieu de la cour. Mais il lui fallut bien, pour finir, revenir dans la salle. N'y trouvant pas la demoiselle, il se mit à sa recherche.

Il entendit de grands cris provenant d'une chambre. C'était la voix de la demoiselle avec qui il devait coucher. Il se précipita et, par la porte ouverte, aperçut la jeune fille renversée par un chevalier qui la maintenait en travers du lit, la robe retroussée jusqu'au nombril. Comme si elle ne doutait pas que son hôte lui viendrait en aide, elle criait très fort :

– Au secours, noble chevalier qui êtes mon hôte, si vous n'écartez pas cet homme qui est sur moi, il me déshonorera sous vos yeux ! C'est vous seul qui devez coucher avec moi, comme vous l'avez promis. Secourez-moi !

En les voyant ainsi, il n'éprouvait aucune jalousie, mais plutôt une immense gêne. En guise de portiers, deux chevaliers armés, tenant leurs épées à la main, montaient la garde à l'entrée de la chambre. Derrière eux, quatre serviteurs brandissaient des haches avec lesquelles ils auraient pu trancher l'échine d'une vache aussi facilement qu'une racine de genièvre ou de genêt.

Le chevalier marqua un temps d'hésitation devant la porte.

« Que faire ? s'interrogeait-il. Je me suis engagé pour une noble cause, celle de la quête de la reine Guenièvre. Pour mener à bien cette affaire, il ne faut pas avoir le courage d'un lièvre. Si je me comporte comme un lâche, je n'atteindrai jamais mon but. Que je sois couvert de honte si je reste plus longtemps cloué sur place ! Mieux vaut mourir dans l'honneur que vivre dans la honte. S'il n'y avait aucun risque, si ces gens me laissaient la voie libre, sans opposer de résistance, où serait le mérite ? Et j'entends la malheureuse qui ne cesse d'implorer mon aide et de rappeler la promesse que je lui ai faite. »

Il s'approche de la porte, passe un instant la tête à l'intérieur de la pièce et n'a que le temps de faire un pas en arrière pour échapper de justesse aux épées dont les chevaliers frappent avec tant de violence qu'elles se brisent sur le sol.

Il a moins de respect pour les haches[1] et ne les

1. Ce ne sont pas des armes nobles et elles ne sont généralement pas utilisées par les chevaliers.

redoute pas autant. Il se précipite au milieu des serviteurs et leur donne de grands coups de coudes dans les côtes. Il bouscule si rudement les deux premiers qu'il les fait tomber à terre. Le troisième tente de le frapper, mais le manque de peu. Le dernier lui assène un coup qui lui tranche le manteau, la chemise, et lui érafle l'épaule d'où le sang se met à perler. Cette blessure ne l'arrête pas. À grandes enjambées, il se rue sur celui qui voulait violer son hôtesse, le saisit par les tempes pour le remettre debout de force. Mais revoilà celui qui a manqué son coup, brandissant sa hache avec la ferme intention de lui fendre le crâne jusqu'aux dents. Heureusement, habile à se défendre, le chevalier pare l'attaque en portant devant lui l'homme qu'il vient de tirer du lit. C'est à lui que la hache tranche l'épaule au ras du cou. Notre chevalier s'en empare aussitôt pour affronter les autres qui reviennent à la charge.

Afin d'esquiver leurs coups, il se place d'un bond entre le lit et le mur, et leur crie :

– Allez-y. Tous contre moi ! Maintenant que je suis en position de me défendre, même si vous étiez plus de vingt, vous ne pourriez pas venir à bout de ma résistance.

La jeune fille, qui l'a observé, intervient alors et dit :

– Sur la prunelle de mes yeux, vous n'avez plus rien à craindre là où je me trouverai.

Et, aussitôt, elle congédie ses chevaliers et serviteurs qui, tous, quittent les lieux immédiatement et sans discuter.

– Seigneur, dit la demoiselle, vous avez brillamment assuré ma défense contre les gens de ma maison. Suivez-moi maintenant.

Elle le conduisit, un peu malgré lui, jusque dans la grande salle en le tenant par la main. Un lit y avait été préparé avec des draps blancs et de fine toile. Le matelas n'était pas une vulgaire paillasse et la couverture, loin d'être rêche, était une couette de soie brodée d'or. La demoiselle s'étendit sur le lit sans ôter sa chemise. Le chevalier entreprit à grand-peine de retirer ses chausses de mailles et de se dévêtir. L'angoisse le faisait transpirer, mais, quoi qu'il lui en coûte, il lui fallait bien tenir sa promesse. Il s'allongea, bien à contrecœur, mais, pas plus que la demoiselle, il ne retira sa chemise[1]. Il lui tournait le dos et faisait bien attention de se tenir éloigné d'elle pour ne pas la toucher. Il ne disait pas un mot, comme un frère convers à qui la règle interdit de parler quand il est allongé dans un lit. Pourquoi ne pouvait-il agir autrement ? Parce que le cœur n'y était pas. Tout autre que lui aurait trouvé la demoiselle très belle et tout à fait charmante. Mais elle était sans attrait pour lui car il n'avait qu'un seul cœur,

1. Au Moyen Âge, il est d'usage de dormir nu. C'est ce que fera la demoiselle une fois seule.

déjà voué à quelqu'un d'autre, et dont il ne pouvait plus disposer pour le prêter ailleurs. L'amour qui gouverne les cœurs commande de ne se fixer qu'en un seul et unique lieu. Tous les cœurs ? Peut-être pas. Seulement ceux qui sont vraiment dignes d'amour. Et le cœur de celui-ci l'était tellement que l'amour y régnait en maître absolu.

La jeune fille, voyant bien que le chevalier n'appréciait pas du tout sa compagnie et s'en serait volontiers dispensé, lui dit :

– Seigneur, je ne pense pas que vous éprouviez beaucoup de plaisir en ma présence. Rassurez-vous, pour que vous vous sentiez plus à l'aise, je vais aller coucher dans ma chambre. Ainsi, vous pourrez vous reposer en toute sérénité. Vous avez fait tout ce que vous pouviez pour tenir votre engagement. Je n'ai pas le droit de vous en demander davantage.

Là-dessus, elle se leva sans qu'il s'en attriste. Arrivée dans sa chambre, elle se coucha toute nue en se disant à elle-même :

« Je n'ai jamais rencontré un chevalier comparable à celui-là. Il doit sans doute se consacrer à un grand dessein qui surpasse en difficultés et en dangers tout ce qu'aucun autre n'a encore jamais osé entreprendre. »

Et elle s'endormit jusqu'aux premières lueurs du jour.

LE PEIGNE D'IVOIRE

Dès l'aube, elle se réveilla et se leva. Le chevalier, qui s'était aussi réveillé de bonne heure, se prépara et revêtit son armure sans attendre qu'on vienne l'aider. Quand la demoiselle arriva, il était déjà tout équipé.

– Que le jour qui commence vous soit favorable, lui dit-elle.

– À vous aussi, mademoiselle ! répondit-il.

Et il ajouta qu'il lui tardait qu'on sorte son cheval de l'écurie. La demoiselle le lui fit amener et lui dit :

– Seigneur, je vous accompagnerai si vous acceptez de me faire escorte selon les très anciennes coutumes établies dans le royaume de Logres[1].

Selon ces coutumes, s'il voulait garder son renom, tout chevalier rencontrant une demoiselle seule se serait tranché la gorge plutôt que de lui manquer de respect. Sinon, il aurait été honni dans toutes les cours. En revanche, si la demoi-

1. Royaume légendaire du roi Arthur, situé approximativement dans la région de Londres.

selle était accompagnée d'un autre chevalier, il pouvait la lui disputer pour la conquérir et disposer d'elle à son gré, et ce sans encourir le moindre blâme. Voilà à quelle condition la jeune fille lui proposait de l'accompagner. Il lui répondit :

– Je vous assure que jamais personne ne vous causera le moindre tort, s'il ne s'en prend d'abord à moi.

– Dans ce cas, je me joins à vous.

Elle fit alors seller son palefroi et tous deux se mirent en route à vive allure. Elle lui adressait la parole mais, quoi qu'elle dise, il ne s'en occupait pas. Parler lui était pénible. Il n'avait que le goût de penser. Bien souvent l'amour rouvrait la plaie qu'il lui avait faite. Il n'avait jamais mis d'emplâtre pour la cautériser ni la soigner car, même si sa plaie empirait sérieusement, il n'avait aucune envie d'avoir recours ni au remède ni au médecin. Il ne souhaitait pas vraiment guérir.

En suivant les routes et les sentiers, sans dévier du chemin le plus direct, ils arrivèrent à proximité d'une source au milieu d'une prairie. À côté se trouvait un perron* sur lequel quelqu'un, je ne sais qui, avait oublié un peigne d'ivoire incrusté d'or. Depuis le temps du géant Ysoré[1], jamais personne, ni sage ni fou, n'en avait vu d'aussi beau. Celle qui s'était peignée avec ce peigne y

1. Géant sarrasin qui apparaît dans les chansons de geste du cycle de Guillaume d'Orange.

avait laissé une demi-poignée de cheveux. Apercevant la fontaine et le perron, la demoiselle fit un écart afin d'éviter que le chevalier ne les voie. Comme il était plongé avec ravissement dans ses pensées, il ne s'est pas tout de suite rendu compte qu'elle avait dévié du chemin le plus direct. Mais, quand il le remarqua, il crut qu'elle faisait un détour pour éviter quelque danger.

– Arrêtez, demoiselle, revenez, vous vous écartez du bon chemin.

– Seigneur, nous chevaucherons plus aisément par celui-ci. Je le connais bien.

– Je ne sais pas ce que vous manigancez, mais moi, je ne veux pas dévier de ma route.

Ils passèrent donc tout près du perron et le chevalier aperçut le peigne.

– Je n'ai jamais vu un peigne aussi beau.

– Donnez-le-moi, dit la jeune fille.

– Volontiers.

Il se pencha pour s'en saisir, le contempla un long moment et examina les cheveux. La demoiselle éclata de rire. Alors le chevalier lui en demanda la raison.

– Je ne vous dirai rien.

Il insista.

– Demoiselle, si vous aimez quelqu'un de tout votre cœur, c'est en son nom que je vous conjure de ne pas garder le secret plus longtemps.

– Vous m'en priez de manière si pressante que je vais vous le dire sans mentir : ce peigne appartenait à la reine. Et les cheveux que vous voyez, si beaux, si blonds, si lumineux, qui sont restés entre ses dents, sont des cheveux de sa tête. Ils n'ont pas poussé tout seuls dans la prairie.

– Ma foi, dit le chevalier, il y a bien des reines et bien des rois. De quelle reine voulez-vous parler ?

– De la femme du roi Arthur.

Le choc que provoqua cette révélation fut tel que le chevalier s'effondra sur le pommeau de sa selle. La demoiselle, complètement ébahie, craignait qu'il ne soit évanoui. Il s'en fallait de peu car il était tout pâle et incapable de prononcer le moindre mot. La jeune fille mit pied à terre et se précipita vers lui afin d'éviter qu'il ne tombe de cheval. Il en ressentit de la honte et lui demanda :

– Pourquoi vous êtes-vous précipitée vers moi ?

Ne croyez pas que la demoiselle lui ait dévoilé la vraie raison. La honte du chevalier n'aurait fait qu'empirer. Elle se contenta de lui répondre avec beaucoup de délicatesse :

– Seigneur, j'ai mis pied à terre pour venir chercher le peigne qui me fait tellement envie.

Le chevalier voulait bien le lui donner, mais auparavant il en retira les cheveux en prenant bien soin de n'en casser aucun. Jamais personne ne verra rendre tant d'honneurs à nul autre objet. Il leur témoignait une véritable adoration. Il les contemplait, les portait à sa bouche, s'en caressait le front et le visage. Il les pressait sur son cœur, entre la chemise et la peau. Ils étaient tout son bonheur et toute sa richesse. Il ne les aurait pas échangés contre des émeraudes ou des escarboucles*. Il n'avait plus besoin de rien et s'estimait désormais à l'abri de tous les maux tant il avait foi en ces cheveux.

Mais à quoi bon insister davantage ? La jeune fille remonta promptement en selle en emportant le peigne.

LE PRÉTENDANT

Après avoir traversé la plaine, ils arrivèrent à l'orée d'une forêt. Ils suivirent un sentier qui se rétrécissait au point que deux chevaux ne pouvaient y passer de front. Il leur fallut alors chevaucher l'un derrière l'autre. La jeune fille passa la première.

Au moment où le sentier était particulièrement étroit, ils virent venir à leur rencontre un chevalier.

La demoiselle, qui l'avait immédiatement reconnu, dit à celui qui l'accompagnait :

– Seigneur, voyez-vous ce chevalier tout armé et prêt à se battre ? Il espère m'emmener avec lui sans que j'oppose la moindre résistance, car il m'aime et c'est folie de sa part. Voilà longtemps que, lui-même ou par l'entremise de messagers, il réclame mon amour. Plutôt mourir que de l'aimer ! Il doit être au comble du bonheur et s'imaginer qu'il m'a déjà conquise et que je suis tout entière à lui. Le moment est venu de montrer ce que vous savez faire et de prouver votre vaillance pour assurer ma protection. Si vous en êtes capable, je pourrai affirmer, sans risque de mentir, que vous êtes réellement courageux et que votre vaillance est immense.

– Continuez d'avancer, lui dit le chevalier.

C'est comme s'il avait répondu : « Vous vous inquiétez pour rien. » Et, tandis qu'ils parlaient, l'autre continuait d'avancer vers eux au grand galop. S'il se hâtait ainsi, c'est qu'il ne pensait pas le faire en vain. Il était réellement heureux de voir la personne qu'il aimait le plus au monde. Étant arrivé à sa hauteur, il lui adressa ce salut du fond du cœur :

– Que celle que je désire plus que tout, à qui je dois tant de souffrances et bien peu de joie, soit la bienvenue.

Il aurait été impoli qu'elle ne réponde pas à son salut. Mais le chevalier tirait autant de gloire des mots qu'elle avait prononcés du bout des lèvres que s'il venait de remporter un tournoi. Ce vaniteux, ayant saisi les rênes du cheval, dit à la jeune fille :

– C'est à moi de vous emmener maintenant, de plein droit et sans encourir le déshonneur. J'ai fait une belle traversée : me voilà arrivé à bon port. C'est la fin de mes infortunes. J'ai tout ce que je pouvais désirer !

– Vous parlez en vain car un chevalier m'escorte.

– C'est une bien piètre protection ! Ce chevalier aurait bien le temps d'avaler un muid* de sel avant d'oser se mesurer à moi. Je ne crois pas qu'il existe un seul homme dont je ne vienne à bout pour vous conquérir. Puisque je vous trouve ici, à ma portée, je vous emmène sous ses yeux, que cela lui plaise ou non.

L'autre chevalier, sans se départir de son calme en entendant ces vantardises, entreprit de relever le défi.

– Seigneur, faites preuve d'un peu de patience et d'un peu de retenue dans vos propos. Cette jeune fille n'a pour l'instant rien à craindre de vous. Elle est encore sous ma protection et il vous faudra faire valoir vos droits. Lâchez les rênes de son cheval.

L'autre aurait préféré être brûlé vif plutôt que de renoncer à la demoiselle.

– J'agirais mal si je vous la laissais emmener, dit le chevalier. Sachez que je veux combattre contre vous. Mais nous manquons de place dans ce chemin. Cherchons plutôt un espace dégagé, une prairie ou une lande.

– Je ne demande pas mieux, répond le soupirant.

LA PRAIRIE AUX JEUX

Ils arrivèrent dans une prairie où des jeunes filles et des chevaliers jouaient à toutes sortes de jeux. La beauté du lieu s'y prêtait. Certains jouaient aux échecs et au trictrac[1], la plupart à différents jeux de dés[2]. D'autres, se souvenant de leur enfance, faisaient des rondes et des danses, chantaient et faisaient des culbutes. Certains encore se mesuraient à la lutte. À l'autre extrémité du pré, un chevalier plus âgé regardait les jeux et les danses. Un peu à l'écart, près d'un sentier, se tenaient vingt-trois hommes en armes, montés sur de bons chevaux irlandais.

Quand la jeune fille et les deux chevaliers pénétrèrent dans la prairie, la fête s'interrompit brutalement et tout le monde s'écria :

– Regardez, c'est le chevalier de la charrette. Malheur à celui qui continuerait de jouer en sa présence !

Le soupirant de la jeune fille se dirigea vers le chevalier aux cheveux gris, son père, et lui dit :

1. Jeu de pions proche du jeu de dames.

2. Les jeux de dés sont très populaires au Moyen Âge et très pratiqués, notamment dans les tavernes.

– Ma joie est immense car Dieu m'a donné celle que je désirais le plus au monde.

– Je ne suis pas certain qu'elle soit encore à toi, répondit le père.

– Comment pouvez-vous en douter ? Ne voyez-vous pas que je la tiens ? Je l'ai rencontrée dans la forêt. Je crois que c'est Dieu qui l'a conduite jusqu'à moi. Elle est à moi.

– Je crois que le chevalier qui te suit veut te la disputer.

Tandis qu'ils échangeaient ces paroles, tous les jeux et les rondes s'étaient arrêtés en signe de mépris.

Le chevalier de la charrette s'approcha de la jeune fille.

– Laissez cette demoiselle sur laquelle vous n'avez aucun droit. Si vous vous obstinez, j'assurerai sa défense contre vous.

– N'avais-je pas raison ? dit le vieil homme. Mon fils, laisse cette jeune fille. Ne la retiens pas plus longtemps.

– Jamais. Elle m'appartient. Il faudrait d'abord que soient rompues la guiche* et les énarmes de mon écu et que j'aie perdu toute confiance en mon armure, ma lance, mon épée et moi-même, pour que je consente à la lui laisser.

– Ne parle pas en vain. Tu surestimes tes forces. Tu n'es pas de taille à l'affronter. Je ne te permettrai pas de le combattre.

– Quelle honte ce serait pour moi si, écoutant

vos conseils, je renonçais sans avoir livré un combat acharné. Je me battrai donc contre votre volonté.

– Par saint Pierre, je vois bien que je perds mon temps à essayer de te faire entendre raison.

Il appela aussitôt ses chevaliers et leur donna l'ordre de se saisir de son fils en disant :

– Je le ferai attacher plutôt que de le laisser se comporter comme un fou.

Aussitôt, ils l'ont saisi par les bras et le cou.

– Même si cela te contrarie, dit le père, fais preuve de sagesse et tiens compte de ce que je juge bon pour toi. Et sais-tu ce que j'envisage ? Pour adoucir ta peine, si tu le veux, aujourd'hui et demain, toi et moi, nous chevaucherons derrière ce chevalier à travers champs et bois. Peut-être te fournira-t-il l'occasion de te mesurer à lui comme tu le souhaites.

Contraint et forcé, le fils ne pouvait qu'accepter. Faute de mieux, il prendrait patience.

En voyant ce dénouement inattendu, les gens qui se trouvaient dans la prairie s'exclamèrent tous :

– Le chevalier qui était sur la charrette a aujourd'hui gagné le droit d'emmener l'amie du fils de notre seigneur ! Il faut croire qu'il est de grande valeur pour qu'on le laisse faire ainsi ! Retournons à nos jeux.

Et ils reprirent aussitôt leurs rondes et leurs danses.

LE CIMETIÈRE DU FUTUR

Le chevalier repartit sans s'attarder davantage dans la prairie, toujours accompagné de la jeune fille. Tous deux chevauchaient à vive allure. Le père et le fils les suivaient à distance.

Vers l'heure de none, ils arrivèrent dans un lieu très beau : une église, avec, derrière le chœur, un cimetière entouré de murs. Agissant sagement, tandis que la demoiselle gardait les chevaux, le chevalier entra dans l'église pour y prier. Alors qu'après avoir achevé sa prière il se dirigeait vers la sortie, un très vieux moine vint à sa rencontre. Le chevalier lui demanda très poliment ce qui se trouvait de l'autre côté des murs. Le moine lui dit que c'était un cimetière.

– Par Dieu, accepteriez-vous de m'y conduire ?

– Bien volontiers, seigneur.

Il suivit donc le moine entre les plus belles tombes qu'on puisse imaginer. Sur chacune était gravé le nom de celui qui y reposerait. Le chevalier se mit à lire les noms les uns après les autres : « Ici reposera Gauvain. Ici, Louis. Ici, Yvain. » Après ces trois noms, il en déchiffra bien d'autres, tous noms de chevaliers d'élite et renommés, de ce pays et d'ailleurs. Il aperçut une tombe de marbre, toute récente, particulièrement belle.

– À quoi servent ces tombes ? demanda-t-il au moine.

– Puisque vous avez déchiffré les inscriptions, vous avez compris ce qu'elles signifient.

– Et la plus grande ?

– Elle est réellement magnifique et aussi belle à l'intérieur qu'à l'extérieur. Mais vous ne le verrez jamais car il faudrait au moins sept hommes robustes pour réussir à soulever la dalle qui la recouvre. Il y est écrit : « Celui qui soulèvera seul cette dalle libérera tous ceux qui sont retenus prisonniers en ce pays dont on ne revient pas et dont nul n'a pu sortir, qu'il soit serf ou noble. Les étrangers y sont retenus à jamais captifs alors que les natifs de ce pays peuvent, à leur guise, y entrer et en sortir. »

Aussitôt, le chevalier empoigna la dalle à bras-le-corps et la souleva sans effort apparent, aussi facilement que dix hommes unissant toutes leurs forces. Le moine, complètement ébahi, manqua d'en tomber à la renverse.

– Seigneur, dit-il, j'ai grande envie de savoir votre nom. Allez-vous me le dire ?

– Ma foi, non, répondit le chevalier.

– Je le regrette beaucoup. Peut-être aurez-vous la courtoisie de me révéler de quel pays vous venez ?

– Je vous dirai seulement que je suis un chevalier natif du royaume de Logres. Et vous, pouvez-vous me dire qui reposera dans cette tombe ?

– Celui qui libérera tous ceux qui sont pris dans la trappe de ce royaume dont nul ne peut s'échapper.

Ayant recommandé le moine à Dieu et à tous les saints, le chevalier rejoignit la demoiselle. Le vieux moine, qui l'avait raccompagné jusqu'à la porte de l'église, raconta à la jeune fille, tandis qu'elle se mettait en selle, ce qui venait de se passer et lui demanda si elle connaissait le nom du chevalier. Elle dut avouer qu'elle l'ignorait, mais il y avait une chose qu'elle pouvait affirmer avec certitude, c'est que nulle part au monde il n'existait un chevalier de la valeur de celui-là. Sur ces mots, elle s'élança au galop pour le rejoindre.

Quand ceux qui les suivaient arrivèrent à leur tour, ils ne trouvèrent plus que le moine, seul devant l'église. Le vieux chevalier, qui ne portait pas d'armure, lui demanda :

– Seigneur, dites-nous si vous avez vu un chevalier accompagné d'une demoiselle.

– Ils viennent juste de s'en aller. Le chevalier a accompli un exploit extraordinaire : tout seul, il a soulevé la dalle qui recouvre la grande tombe de marbre. Il s'est porté au secours de la reine et la libérera sans aucun doute, elle et tous ceux qui sont retenus en captivité. Vous le savez bien, vous qui avez souvent lu l'inscription sur la pierre.

Alors le père dit à son fils :

– Mon fils, n'est-il pas d'une rare vaillance celui qui a accompli un tel exploit ? Lequel de nous deux avait tort ? Toi ou moi ? Retournons sur nos pas. Ce serait une grande folie de continuer à les suivre.

– Ce serait en effet bien inutile, répondit le fils, faisant preuve de bon sens.

LE VAVASSEUR ET SES FILS

Pendant ce temps, la jeune fille qui chevauchait à côté du chevalier aurait bien voulu qu'il lui révèle son nom. Comme elle le lui demandait avec insistance, il finit par lui répondre, excédé :

– Ne vous ai-je pas dit que je suis du royaume du roi Arthur ? Par Dieu tout-puissant, vous ne saurez rien d'autre.

Alors, elle lui demanda congé. Il le lui accorda de bon cœur. Et la jeune fille le quitta pour s'en retourner sur ses pas[1].

Il chevaucha seul, fort tard. Après les vêpres, à l'heure des complies*, il rencontra un chevalier au heaume lacé qui s'en revenait du bois où il avait chassé. Il portait sa venaison* sur son grand cheval gris. Ce vavasseur* se porta au-devant de lui et lui offrit l'hospitalité.

– Monseigneur, dit-il, la nuit va bientôt tomber. Il est grand temps pour vous de trouver un gîte. Je demeure non loin d'ici et je ferai mon

1. On ne sait pas ce qu'elle devient, mais le fait de n'être plus accompagnée d'un chevalier la protège, au retour, des prétentions de son soupirant.

possible pour vous recevoir au mieux. Si vous acceptiez, j'en serais très heureux.

– Moi aussi.

Le vavasseur envoya aussitôt son fils faire préparer l'hébergement et le repas.

Il conduisit le chevalier jusque dans la cour de son château, et sa femme vint à la rencontre de ce dernier, puis ses cinq fils et ses deux filles qui, tous, proposèrent de se mettre au service de leur hôte. Après l'avoir salué, ils l'aidèrent à descendre de cheval. Ce n'était pas à leur père qu'ils accordaient toute leur attention car ils savaient bien comment celui-ci souhaitait les voir se comporter. Quand le chevalier fut désarmé, l'une des filles lui posa sur les épaules son propre manteau. Je n'ai pas besoin de dire qu'il fut bien servi à table. On put ensuite tranquillement converser. Le vavasseur commença par demander à son invité de quel pays il venait, sans toutefois l'interroger sur son nom.

– Je suis du royaume de Logres et je n'étais encore jamais venu dans ce pays.

Le vavasseur, sa femme et tous leurs enfants ne purent s'empêcher d'exprimer leur inquiétude.

– C'est pour votre malheur, cher seigneur. Désormais, comme nous tous, vous allez demeurer ici, captif et exilé.

– D'où êtes-vous originaires ?

– Du même pays que vous, seigneur. Maudite soit la coutume et tous ceux qui la maintiennent !

Tous les étrangers qui pénètrent en ce pays sont contraints d'y demeurer, comme attachés à cette terre, car on est libre d'y entrer, mais obligé d'y rester. Et je crois bien que vous non plus n'en sortirez jamais.

– Je ferai en sorte de le pouvoir.

– Comment ? Pensez-vous que cela soit possible ?

– Oui, si Dieu le veut bien. Pour ma part, je ferai tout ce qui dépend de moi[1].

– Alors, tous les autres partiraient aussi librement, sans courir le moindre risque car, dit la coutume, il suffirait qu'un seul réussisse à sortir de cette prison pour que tous puissent le faire sans que rien s'y oppose.

Lui revint alors en mémoire une rumeur qu'on lui avait rapportée : un chevalier particulièrement vaillant était entré de force dans le pays pour libérer la reine que Méléagant, le fils du roi, retenait prisonnière. Il se dit : « Je suis sûr que c'est lui. »

– Ne me cachez rien, seigneur, lui demanda-t-il. En retour, je promets de vous apporter toute

1. Tournure légèrement impertinente : « *Oïl, se Deu vient a pleisir, / Et g'en ferai mon pooir tot* » (vers 2108-2109). Lancelot se fie à Dieu, mais aussi à ses propres forces. De même, Yvain se fie à Dieu et à son bon droit, sans négliger pour autant son lion : « *Que Deus et droiz li aideroit / Qui en sa partie seroit : / En ses aïdes molt se fie / Et ses lïons nel rehet mie.* » (*Yvain, le Chevalier au lion*, vers 4327-4330).

l'aide que je pourrai. C'est notre intérêt commun. Dites-moi la vérité. C'est pour la reine que vous êtes venu dans ce pays où les gens sont déloyaux et pires que des Sarrasins ?

– C'est bien l'unique raison de ma présence, répondit le chevalier. Je veux de toutes mes forces lui porter secours, mais j'ignore où elle est retenue prisonnière. J'ai grand besoin de vos conseils.

– Vous vous êtes engagé sur une voie périlleuse qui mène tout droit au Pont de l'Épée. Je vous recommande d'emprunter un chemin plus sûr sur lequel je vous ferai conduire.

– Cet autre chemin est-il aussi direct ? demanda le chevalier, qui voulait aller au plus court.

– Non, ma route est plus sûre, mais plus longue.

– Alors ce n'est pas celle que j'emprunterai. Que pouvez-vous me dire sur celle-ci ? Je suis prêt à partir.

– Vous n'y gagnerez rien. Demain, vous arriverez au Passage des Pierres, qui est extrêmement dangereux. Deux chevaliers ne pourraient y passer de front. De plus, il est gardé et bien défendu. Il ne suffit pas d'y parvenir : il faudra aussi essuyer bien des coups de lance et d'épée, et en donner autant, avant de pouvoir le franchir.

Quand le vavasseur eut terminé cette explication, l'un de ses fils, qui était chevalier, s'avança et dit :

– Mon père, si vous le permettez, je l'accompagnerai.

– Moi aussi, j'irai avec eux, dit un autre de ses fils, encore plus jeune, qui s'était levé à son tour.

Et le père accorda bien volontiers congé à ses deux fils. Le chevalier n'irait pas seul. C'est ainsi que la conversation prit fin. On emmena le chevalier se coucher et, cette nuit-là, il put dormir autant qu'il en avait envie.

LE PASSAGE DES PIERRES

Dès le petit matin, ils se sont levés, équipés et se sont mis en route, le jeune homme chevauchant en tête. Ils cheminèrent ainsi jusqu'au Passage des Pierres où ils arrivèrent à l'heure de prime*.

Un guetteur se tenait en tout temps en haut d'une bretèche* bâtie au milieu du chemin. Les ayant aperçus de loin, il cria de toute la force de sa voix :

– Ennemis en vue ! Ennemis en vue !

Alors, au pied de la bretèche, surgit un chevalier revêtu d'une armure neuve et escorté d'hommes d'armes porteurs de haches tranchantes. En termes injurieux, ce gardien du passage adressa des reproches au chevalier qui arrivait :

– Vassal, tu as fait preuve d'autant de naïveté que d'audace en entrant dans ce pays. Jamais un homme qui est monté dans la charrette n'aurait dû venir ici. Que Dieu ne te permette pas de t'en réjouir !

Aussitôt, tous deux éperonnent leurs chevaux pour les lancer au grand galop. Sous la violence du choc, le gardien brise sa lance en deux tronçons qui tombent à terre, tandis que l'autre chevalier l'atteint juste au-dessus du bord supérieur de l'écu, au niveau de la gorge. Désarçonné, il chute sur les pierres. Les hommes d'armes se précipitent avec leurs haches, mais font exprès de manquer leurs coups car ils n'ont aucune envie de blesser ni le cheval ni le chevalier[1]. Ce dernier, qui a bien compris qu'ils ne veulent lui faire aucun mal, franchit le passage sans même prendre la peine de tirer son épée. Ses compagnons le suivent.

Ayant poursuivi leur route, tous trois ensemble, jusqu'après l'heure de none, ils firent la rencontre d'un homme qui leur demanda qui ils étaient.

– Nous sommes des chevaliers qui allons là où nous avons à faire.

– Je souhaiterais vous héberger, vous et vos compagnons, dit l'homme à celui qui semblait le seigneur des deux autres.

– Il est hors de question de m'arrêter dès maintenant. C'est une mauvaise chose que de s'attarder en chemin ou de chercher un repos confortable quand on est lancé dans une aventure comme la nôtre. Il s'écoulera encore bien du temps avant que je fasse étape.

– Ma demeure n'est pas tout près d'ici, lui fut-il répondu. Il sera tard quand nous y arriverons.

1. L'auteur ne précise pas la raison de cette maladresse volontaire. Sont-ils originaires du royaume de Logres ?

– Dans ce cas, j'accepte votre proposition.

L'homme passa alors devant eux pour les guider sur le chemin.

Après une longue chevauchée, ils rencontrèrent un écuyer qui arrivait au grand galop sur un roncin* bien gras, potelé comme une pomme.

– Seigneur, dit l'écuyer à l'homme qui allait en tête, venez vite car les gens du royaume de Logres ont pris les armes pour se révolter. La guerre est commencée. Ils prétendent qu'un chevalier a pénétré de force dans ce pays, qu'il a combattu en plusieurs endroits et que personne ne peut assurer la défense du passage qu'il a entrepris de franchir. Il passe quoi qu'il en coûte. Les captifs disent qu'il les délivrera tous et qu'il triomphera des nôtres. Hâtez-vous, je vous prie.

Ayant entendu cela, l'homme mit son cheval au galop, tandis que les autres se réjouissaient de ce qu'ils venaient d'entendre. Ils avaient grande envie d'aller soutenir les autres prisonniers venus du royaume de Logres.

LA RÉVOLTE DES CAPTIFS DE LOGRES

Toujours éperonnant sa monture, l'homme arriva devant une forteresse dressée sur un tertre, entourée de hauts murs et d'un fossé. Il franchit la porte, suivi des trois autres. Ils étaient à peine entrés qu'on laissa retomber la herse derrière eux, au ras de leurs talons[1].

– Allons, se dirent-ils, ne nous arrêtons pas ici.

Ils traversèrent la cour jusqu'à l'autre issue, qui n'était pas défendue. Dès que celui qui les guidait l'eut passée, la porte coulissante s'abattit derrière lui. Les trois chevaliers se trouvaient ainsi prisonniers à l'intérieur. Ils se demandaient s'ils n'étaient pas victimes d'un enchantement. Mais le héros de mon récit portait au doigt une bague dont la pierre avait le pouvoir de dissiper les enchantements lorsqu'il la regardait. Il mit donc la bague devant ses yeux, regarda la pierre et dit :

1. La herse retombe parfois si rapidement qu'elle coupe le cheval en deux : « … [la porte de fer] s'abat et, lui ayant frôlé le dos, coupe en deux sa selle, son cheval et les éperons au ras des talons », *Yvain, le Chevalier au lion*, Paris, l'école des loisirs, « Classiques abrégés », 1993, p. 34.

– Ma dame, ma dame, si Dieu le veut, j'aurais grand besoin de votre aide.

La dame qui lui avait donné la bague était une fée qui l'avait élevé alors qu'il était enfant[1]. Il avait gardé une confiance totale en elle et la certitude qu'elle viendrait le secourir en tout lieu. Grâce à la pierre, il constata qu'il n'y avait pas d'enchantement et qu'ils étaient bel et bien enfermés et retenus prisonniers.

Alors ils s'avancèrent jusqu'à une poterne* étroite et basse. Ils tirèrent tous ensemble leurs épées et entaillèrent tant et si bien le bois de la barre qui la tenait fermée qu'ils la brisèrent et sortirent de la forteresse.

Une fois à l'extérieur, ils virent que le combat était commencé. On comptait au moins mille chevaliers de part et d'autre, qui s'affrontaient farouchement dans la plaine en contrebas, sans compter la piétaille. Ils descendirent pour approcher de la mêlée.

Le chevalier s'y lance aussitôt. Un premier adversaire vient à sa rencontre. Il engage le combat contre lui et, d'un coup de lance dans l'œil, il l'abat mort. Le plus jeune des fils met pied à terre et s'empare du cheval et de l'armure. Il se met en selle, empoigne l'écu et la lance qui est grande,

1. Pour plus de détails sur l'enfance de Lancelot, élevé par Viviane, la dame du Lac, voir *Lancelot du Lac*, Paris, l'école des loisirs, « Classiques abrégés », 2001, pp. 13-37.

solide et dont le bois est peint. Il passe à sa ceinture l'épée dont la lame est tranchante et brillante. Ainsi équipé, il a fière allure. Il va rejoindre son frère et le chevalier au cœur de la bataille. Celui-ci ne cesse de faire éclater de nombreux écus, de fendre des heaumes, de démailler des hauberts. Ni le bois ni le métal ne protègent ceux qu'il atteint. À lui seul, il les met tous en déroute. Les gens de Logres le regardent avec surprise car ils ne le connaissent pas. Ils se renseignent à mi-voix auprès du fils du vavasseur.

– C'est lui, leur répond-il, qui nous tirera tous de l'exil et du sort misérable où nous sommes depuis si longtemps. Nous devons lui faire honneur car, pour nous libérer de notre captivité, il a dû franchir bien des passages périlleux et il lui reste encore tant d'obstacles à surmonter!

Cette nouvelle, qui se répandit rapidement, réjouissait tous ceux qui l'entendaient et redoublait leur courage. Si la nuit n'avait été si proche, la défaite des gens de Gorre aurait été complète. Mais, à cause de l'obscurité, les combattants durent se séparer.

Tous les captifs de Logres se pressaient autour du chevalier. Certains avaient saisi les rênes de son cheval.

– Soyez le bienvenu, cher seigneur, lui disaient-ils tous.

Et chacun de proposer:

– Seigneur, c'est moi qui vous hébergerai.

– Non, par Dieu, venez plutôt chez moi et pas ailleurs.

Tous, jeunes ou vieux, se disputaient à propos de son logis. Il s'en fallut de peu qu'ils n'en viennent aux mains. Il fut obligé de leur dire que leur querelle n'était que perte de temps et folie.

– Arrêtez cette chamaillerie qui n'est bonne ni pour vous ni pour moi. Nous avons besoin de nous entraider, non de nous quereller. Le droit de m'accueillir ne doit pas être un sujet de dispute. Vous devez, au contraire, et dans votre intérêt, vous montrer soucieux de me loger en un lieu qui se trouve sur la route la plus directe.

Et chacun de reprendre :

– C'est chez moi.

– Non, chez moi !

– Je vous sais gré de vos bonnes intentions qui m'honorent et me réjouissent. Qu'elles soient prises en compte plutôt que l'acte lui-même, dit-il pour les apaiser.

Ils se mirent alors tous d'accord pour le conduire jusque chez un chevalier dont la maison se trouvait sur sa route. Celui-ci lui offrit un toit pour la nuit.

Le matin, au moment du départ, tout le monde proposait ses services au chevalier et désirait l'accompagner. Mais celui-ci ne voulut pour seule escorte que ceux qui étaient venus avec lui jusque-là.

LE CHEVALIER ORGUEILLEUX

Ce jour-là, ils chevauchèrent du matin au soir sans trouver d'aventure. Il était déjà fort tard lorsque, sortant d'une forêt, ils aperçurent la demeure d'un chevalier. Sa femme était assise devant la porte. En les voyant venir, elle se leva à leur rencontre, arborant un sourire, et, les ayant salués, leur dit :

– Soyez les bienvenus. Je vous accueillerai volontiers en ma maison. Mettez pied à terre.

– Madame, puisque vous nous y invitez, nous allons le faire. Nous vous remercions et nous serons vos hôtes cette nuit.

Quand ils furent descendus de cheval, la dame, qui disposait d'une riche maisonnée, appela ses fils et ses filles qui vinrent aussitôt : des jeunes gens aimables et bien éduqués, des jeunes filles très belles et aussi des chevaliers. Aux uns, elle donna l'ordre d'ôter les selles et de panser les chevaux. Elle demanda aussi qu'on aide ses invités à se désarmer. Ce sont ses filles qui s'acquittèrent de cette tâche.

Quand les armures furent retirées, elles passèrent trois manteaux courts sur le dos des chevaliers, puis les menèrent à l'intérieur de la maison, qui était belle.

Le seigneur n'était pas là. Il chassait dans la forêt avec deux de ses fils, mais il ne tarda pas à rentrer, et toute la famille vint immédiatement à sa rencontre. Une fois la venaison qu'il rapportait détachée et déchargée du cheval, on l'informa :

– Seigneur, vous avez pour hôtes trois chevaliers.

– Dieu soit loué ! fit-il.

Et, avec ses deux fils, il leur fit fête.

Tout le monde s'affaira à préparer le repas. On alluma les chandelles. On apporta les serviettes et les cuvettes où l'on versa généreusement de l'eau pour se laver les mains. Tout le monde prit place autour de la table. Rien de fâcheux ni de désagréable ne se laissait entrevoir en ces lieux.

Au moment où l'on servait le premier mets, un chevalier tout armé, plus bouffi d'orgueil qu'un taureau, se présenta à la porte, en selle sur son destrier. Prenant appui d'un pied sur son étrier, il avait, pour se donner l'air élégant et intéressant, posé l'autre sur le col de son cheval à la longue crinière. Avant que personne ait pu réagir, il se dressa devant eux et demanda :

– Je veux savoir lequel d'entre vous est assez fou et orgueilleux pour s'être aventuré dans ce pays en s'imaginant franchir le Pont de l'Épée. Il est venu en pure perte. Il s'est donné du mal pour rien.

Sans se laisser impressionner le moins du monde, l'autre répondit :

– C'est moi qui veux passer le pont.

– Toi ? Toi ? Comment as-tu osé même en avoir l'idée ? Avant de te lancer dans pareille entreprise, tu aurais dû te demander comment elle finirait. Tu n'aurais pas dû oublier que tu es monté dans la charrette. Nul être sensé n'aurait cette prétention après avoir subi une telle humiliation.

Le maître de la maison et tous les autres avaient de bonnes raisons de s'étonner. Chacun se disait en lui-même : « Ah, Dieu ! Quelle sinistre mésaventure ! Maudite soit l'heure où l'on imagina et construisit la première charrette ! C'est vraiment un objet méprisable ! Pour quel péché ou quel crime l'a-t-on transporté sur une charrette ? Quelle que soit sa vaillance, on le lui reprochera désormais toute sa vie. »

– Chevalier, toi qui vas au Pont de l'Épée, écoute-moi bien, reprit l'orgueilleux. Si tu veux traverser l'eau en toute sécurité, je mettrai un bateau à ta disposition, mais, sur l'autre rive, tu m'accorderas ta tête en guise de péage. Je la prendrai ou pas, selon mon humeur. Ton sort sera entièrement entre mes mains.

Le chevalier répondit qu'il ne recherchait pas son propre malheur et qu'il ne mettrait pas sa tête en gage dans une aventure, quoi qu'il lui en coûte.

– Puisque tu refuses mon offre, il va falloir te mesurer à moi en combat singulier.

L'autre répondit pour se moquer :

– Si je pouvais refuser, je m'en dispenserais volontiers mais, en vérité, je préfère me battre plutôt que d'avoir à subir quelque chose de pire.

Avant de se lever de table, il demanda aux jeunes gens de la maison de seller son cheval et de lui apporter ses armes.

À l'extérieur, dans la lande où l'affrontement devait avoir lieu, l'attendait celui qui avait demandé le combat.

Dès qu'ils s'aperçoivent, ils éperonnent leurs chevaux et foncent l'un vers l'autre à bride abattue. Ils se heurtent si violemment avec leurs lances qu'elles se courbent et volent en éclats. De leurs épées, ils fendent le bois des écus, entaillent les heaumes et les hauberts, s'infligeant de multiples blessures. Ivres de rage, ils se rendent coup pour coup. Parfois, les épées glissent et atteignent la croupe et le flanc des chevaux, faisant couler le sang à flots, jusqu'à ce qu'ils s'écroulent tous deux, morts. Les deux chevaliers s'attaquent alors à pied et se frappent furieusement, comme des adversaires qui se haïssent à mort. Les coups redoublent, tels ceux d'un joueur qui jette à nouveau les dés deux par deux à chaque coup perdant. Mais ici, c'est d'un tout autre jeu qu'il s'agit. Pas un coup n'est perdant ; chacun porte cruellement.

Tout le monde était sorti de la demeure : le seigneur, sa femme, leurs filles et leurs fils, et aussi tous ceux qui n'étaient pas de la famille. Personne n'était resté à l'intérieur.

Le chevalier de la charrette se reproche sa faiblesse. Il y a longtemps qu'il devrait avoir vaincu son adversaire. Alors, il fond sur lui comme l'orage, le serre de près, le force à reculer. L'autre, près de perdre haleine, n'oppose plus autant de résistance. Se rappelant soudain que l'orgueilleux lui a si ignominieusement reproché la charrette, il redouble d'ardeur et, après en avoir tranché toutes les attaches, lui fait voler le heaume de la tête. Comme l'alouette incapable d'échapper à l'émerillon* qui vole au-dessus d'elle, l'autre n'a plus que le choix de crier grâce.

– Veux-tu vraiment que je t'épargne ?

– C'est tout ce que je veux.

– Alors, puisque tu as eu la langue assez fourbe pour m'en faire le reproche, il te faudra monter sur une charrette. Tout ce que tu pourrais dire serait inutile si tu ne le faisais pas.

– À Dieu ne plaise que j'y monte.

– Alors tu vas mourir.

– Seigneur, j'implore votre grâce à n'importe quelle condition, si dure soit-elle, excepté celle de monter sur une charrette. J'aimerais mieux mourir.

Tandis qu'il implore ainsi sa grâce, voici venir sur la lande, chevauchant une mule de couleur fauve qui marchait l'amble*, une jeune fille sans manteau ni guimpe*. Elle tenait à la main un fouet dont elle donnait de grands coups à sa monture. Jamais un cheval au galop n'aurait pu avancer aussi vite que cette mule. La jeune fille dit au chevalier de la charrette :

– Que Dieu mette en ton cœur la joie parfaite.

– Demoiselle, que Dieu vous bénisse et vous donne joie et santé.

Elle lui exposa alors ce qu'elle voulait :

– Chevalier, je suis venue de loin en grande hâte pour te demander un don en échange duquel je te prouverai, autant qu'il me sera possible, toute ma reconnaissance. Je sais bien qu'un jour viendra où tu auras besoin de mon aide.

– Dites-moi ce que vous voulez et, si la chose est en mon pouvoir, vous l'obtiendrez sans délai, répondit-il.

– Je veux la tête du chevalier que tu as vaincu. Jamais tu n'as tué un être aussi fourbe et déloyal. Loin de commettre un péché, tu feras, au contraire, un acte de charité et de justice.

Quand il l'entendit réclamer sa mort, le vaincu protesta :

– Ne la croyez pas. Elle me hait. Je vous prie, par Dieu, d'avoir pitié de moi.

– Ah, chevalier, reprit la jeune fille, ne va pas croire ce traître ! Que Dieu te donne joie et honneur autant que tu peux le désirer et qu'il t'accorde de réussir ce que tu as entrepris.

Bien embarrassé, le chevalier resta un moment à se demander s'il accorderait la tête du vaincu à celle qui le priait de la trancher ou s'il prendrait l'homme en pitié. En lui-même, Pitié et Générosité commandaient toutes deux que leur volonté soit faite. Il hésita longuement car il savait se montrer aussi généreux que miséricordieux.

– Chevalier, décida-t-il finalement, il te faudra combattre à nouveau contre moi si tu veux défendre ta tête. Je te laisse reprendre ton heaume et tes armes. Bats-toi du mieux que tu pourras, mais sache que tu mourras si je l'emporte une seconde fois.

– Je ne demande pas mieux et n'implore pas d'autre grâce.

– Je t'offre un avantage supplémentaire : je combattrai contre toi sans bouger de l'endroit où je suis.

Ils reprirent le combat, mais notre chevalier l'emporta plus facilement que la première fois.

– Ne l'épargne surtout pas, quoi qu'il dise ! lui cria la jeune fille. Lui ne t'aurait pas fait grâce s'il t'avait battu la première fois et il ne manquerait pas de te tendre un nouveau piège. Tranche la tête du chevalier le plus déloyal qu'a connu ce royaume et donne-la-moi. Un jour viendra où je te prouverai ma reconnaissance.

L'autre, qui sentait sa mort approcher, implorait sa grâce à grands cris. Mais c'était bien en vain. Le chevalier de la charrette lui retira le heaume, dont les lacets étaient rompus, et lui trancha la tête, tandis que le corps s'affalait pour la plus grande joie de la jeune fille. Alors, saisissant la tête par les cheveux, il la lui tendit.

– Que ton cœur reçoive autant de joie qu'en ressent le mien devant le sort de celui que je haïssais le plus au monde. Je te promets que, le moment venu, je saurai te montrer ma gratitude pour le service que tu m'as rendu. À présent, je m'en vais et te recommande à Dieu.

Et la jeune fille partit.

Tous ceux qui avaient assisté au combat éprouvaient une joie intense. Ils désarmèrent le chevalier en lui prodiguant de multiples marques d'honneur. Puis ils se lavèrent à nouveau les mains, car ils entendaient bien reprendre place à table. Le repas se poursuivit dans une ambiance très joyeuse.

– Seigneur, dit le vavasseur, il y a bien longtemps que nous sommes venus du royaume de Logres, où nous sommes nés. Si vous réussissiez dans votre entreprise, ce serait aussi pour notre plus grand bien à tous.

– Seigneur, poursuivit l'un des fils, ne vous inquiétez pas pour la perte de votre cheval. Nous en avons ici de bons et de robustes. Je tiens à ce que vous preniez le meilleur. Vous en aurez bien besoin.

– J'accepte volontiers.

Ensuite, comme ils avaient fait préparer les lits, ils allèrent se coucher.

LE PONT DE L'ÉPÉE

Au petit matin, ils se levèrent et s'équipèrent. Avant de partir, ils ne manquèrent pas à l'usage de prendre congé de la dame, du seigneur et de tous les autres. Puisque je ne vous cache aucun détail, sachez que le chevalier ne voulut pas monter sur le cheval qu'on lui avait prêté et qui l'attendait, tout sellé, devant la porte. Il préféra le laisser à l'un de ses compagnons et enfourcher le cheval de ce dernier.

Une fois en selle, ils se mirent en route tous les trois et cheminèrent jusqu'au moment où le jour commençait à décliner. Ils arrivèrent bien après l'heure de none, plus près de l'heure de vêpres, au Pont de l'Épée. Devant ce terrible pont, ils mirent pied à terre et regardèrent l'eau menaçante, opaque, bruyante, au débit rapide, si épouvantable qu'on aurait dit le fleuve du diable. Celui qui y tomberait serait irrémédiablement englouti comme dans la mer salée. Quant au pont, il ne ressemblait à aucun autre, et jamais on n'en verra de semblable. En vérité, il n'en exista jamais d'aussi redoutable. C'était une épée fourbie et brillante, rigide et solide, qui faisait office de pont au-dessus de cette eau froide et tumultueuse. Elle mesurait bien la longueur de deux lances. Il n'y avait aucun risque qu'elle plie ou se brise car on l'avait fabriquée pour supporter une lourde charge[1]. Ce qui achevait de décourager les deux compagnons du chevalier, c'est que, de l'autre côté du pont, ils croyaient voir deux lions ou deux léopards attachés à une grosse pierre. L'eau, le pont et les lions, tout cela les mettait dans une frayeur telle qu'ils en tremblaient.

– Seigneur, dirent-ils, prenez bien en considération ce que vous voyez. Ce pont est mal construit et mal charpenté. Renoncez dès maintenant à le traverser, ensuite il sera trop tard. Même en admettant que vous réussissiez – ce qui ne saurait arriver, pas plus qu'on ne peut empêcher le vent de souffler ou les oiseaux de chanter, ni retourner dans le ventre de sa mère pour naître une seconde fois, chose tout à fait impossible, comme vider toute l'eau de la mer –, il vous faut bien admettre que ces deux lions furieux enchaînés sur l'autre rive vous tueront, boiront le sang de vos veines

1. On note une petite différence à propos de la solidité apparente de l'épée entre plusieurs manuscrits : « *Que tant i avoit il d'esploit / Qu'ele pooit grant fes porter* » (« Elle était si bien fabriquée qu'elle pouvait supporter une lourde charge »), éd. Méla, vers 3029-3030 ; et « *Si ne sanble il pas, qui la voit, / Qu'ele puisse grant fes porter* » (« Il ne semble pas, à la voir, qu'elle puisse supporter une lourde charge »), éd. Roques et Croizy-Naquet, vers 3036-3037.

et dévoreront votre chair jusqu'à l'os. Ayez pitié de vous-même et demeurez avec nous. Ce serait un péché que de vous exposer en toute connaissance de cause à une mort certaine.

Le chevalier leur répondit en riant :

– Seigneurs, je vous remercie beaucoup de tant vous inquiéter pour moi. C'est la preuve de votre amitié. Vous ne souhaitez pas mon malheur. Mais j'ai une telle foi et une telle confiance en Dieu que je sais bien qu'il me protégera. Je ne redoute pas plus ce pont et cette eau que la terre ferme. Je veux tenter l'aventure. J'aimerais mieux mourir que renoncer.

Les deux hommes ne savaient plus quoi lui dire et versaient des larmes en poussant des soupirs.

Pour traverser le gouffre, notre chevalier se prépare du mieux qu'il peut, mais d'une manière très étrange : il ôte la partie de l'armure qui protège ses pieds et ses mains. S'il parvient de l'autre côté, ce ne sera pas sans blessures ! Mais il ne s'en soucie pas. Les mains nues et les pieds déchaussés, il pense avoir une meilleure prise sur l'épée aussi tranchante qu'une faux. Cela vaut mieux que de tomber du pont et de prendre un bain forcé dans cette eau fatale. Dans d'horribles souffrances, il effectue la traversée en s'infligeant des coupures aux mains, aux pieds et aux genoux. Mais l'amour, son seul guide, cautérise ses blessures et apaise la douleur. Lorsqu'il arrive enfin de l'autre côté, lui reviennent en mémoire les deux lions qu'il croyait avoir aperçus depuis l'autre rive. Il ne voit rien, pas un seul animal dangereux, pas même un lézard. Il passe la main devant ses yeux et regarde l'anneau : celui-ci lui donne la preuve que les deux lions étaient l'effet d'un enchantement. Quand ses compagnons, demeurés sur l'autre rive, voient qu'il a réussi la traversée, ils laissent naturellement éclater leur joie. Ils ignorent la gravité de ses blessures. Lui, de son côté, s'estime heureux de n'avoir pas souffert davantage.

Tandis qu'avec sa chemise il essuyait le sang qui coulait de ses plaies, il distingua, droit devant lui, un donjon plus imposant que tous ceux qu'il avait pu voir jusque-là. Accoudé à une fenêtre se tenait le roi Baudemagu, être doué d'un sens aigu de l'honneur et de la loyauté. Son fils Méléagant qui, tout à l'opposé, accumulait trahisons, déloyautés et crimes, était accoudé à côté de lui. Tous deux avaient bien vu, en contrebas, le chevalier franchir le pont dans la souffrance. Sous le coup de la colère et de la contrariété, Méléagant avait changé de couleur. Il savait bien que, désormais, on lui disputerait la reine. C'était un chevalier si vaillant qu'il ne craignait personne, si redoutable soit-il. Il aurait été le meilleur de tous s'il n'avait été aussi fourbe et déloyal. Mais il avait un cœur de pierre[1], imperméable à toute pitié. Ce qui

1. « *Un cuer de fust* » : littéralement, un cœur de bois.

réjouissait le père ne manquait pas d'attrister profondément le fils. Or, le roi avait la conviction que le chevalier qui venait de réussir à franchir le pont était le meilleur de tous.

– Mon fils, dit-il, un hasard bienheureux a voulu que nous nous tenions tous deux à la fenêtre. Nous avons été les témoins du plus grand exploit imaginable. Reconnais que tu ne peux qu'éprouver de l'admiration pour l'auteur d'une prouesse si extraordinaire. Fais la paix avec lui. Rends-lui la reine sans condition ! Tu n'as rien à gagner d'un affrontement avec lui. Tu as, au contraire, tout à perdre. Fais preuve de sagesse. Accorde-lui généreusement ce qu'il est venu chercher car tu sais bien qu'il est en quête de la reine Guenièvre. Qui honore autrui s'honore soi-même. Accueille-le donc avec l'honneur dû au meilleur chevalier du monde.

– Que Dieu me damne, répondit le fils, s'il n'en existe pas un aussi bon ou meilleur que lui ! Voulez-vous vraiment que je me livre à lui les mains jointes, que je devienne son vassal et que je lui doive ma terre ? Je ne lui rendrai pas la reine. Je la disputerai les armes à la main contre tous ceux qui seront assez fous pour oser venir la chercher.

– Mon fils, calme-toi, je t'en prie, lui répondit son père. Tu te comporterais intelligemment si tu cessais de t'obstiner. Tu sais bien que ce chevalier serait déçu s'il ne livrait pas bataille contre toi pour libérer la reine. C'est en combattant qu'il accroîtra son renom. Il serait sage de ta part de le priver de cette bataille. Il m'est pénible de voir que tu ne tiens aucun compte de mes conseils et que tu t'entêtes dans tes folies. Il n'aura personne à redouter ici, excepté toi. Tous mes hommes et moi-même lui garantissons une trêve. Jamais je n'ai commis de traîtrise ni manqué à ma parole, et ce n'est pas pour toi que je vais commencer. Il pourra disposer de tout ce dont il aura besoin : s'il lui faut des armes et un cheval, il les aura. Il a accompli un tel exploit en venant jusqu'ici qu'il est désormais sous ma protection contre tous, excepté toi. Il n'a rien à craindre des autres.

– Je vous ai laissé parler et vous ai écouté, répondit Méléagant. Vous pouvez raconter ce que vous voulez. Je n'ai rien à faire de tous vos beaux discours. Je ne suis ni un ermite ni un saint homme qui s'adonne à la charité. Je ne me soucie pas assez de ma respectabilité pour lui céder la femme que j'aime ! Peu m'importe que vous lui accordiez une trêve et qu'il n'ait rien à craindre de vous ni de tous vos hommes. Il en faut plus pour me décourager. Il me plaît, au contraire, qu'il n'ait que moi à redouter. Soyez honnête et loyal tant que vous voudrez et laissez-moi être sans pitié[1].

1. Formule catégorique résumant clairement l'opposition entre le père et le fils, qui s'énonce ainsi en ancien français : « *Tant con vos plest soiez prodom / Et moi lessiez estre cruel* » (vers 3294-3295).

BAUDEMAGU LE SAGE
ET MÉLÉAGANT LE FOU

Alors le roi descendit de la tour et demanda son cheval. On lui amena aussitôt un grand destrier. Accompagné de seulement trois chevaliers et deux hommes d'armes, il chevaucha jusqu'au pont. Ils y trouvèrent le chevalier encore en train d'étancher le sang qui coulait de ses plaies.

Le roi pensa qu'il faudrait beaucoup de temps pour que ces blessures guérissent. Il s'empressa de descendre de cheval. Sans même l'avoir reconnu, le blessé se redressa pour le saluer en dissimulant du mieux possible le mal que lui faisaient ses pieds et ses mains. Mais le roi, qui avait bien vu au prix de quel grand effort, le salua en ces termes :

– Seigneur, je suis surpris par votre arrivée à l'improviste en notre pays. Mais soyez le bienvenu. Nul autre n'aura l'audace d'affronter un tel péril. Vous y gagnez toute mon estime. Je suis le roi de ce pays. Je pense savoir quel est l'objet de votre quête : vous êtes venu chercher la reine.

– Seigneur, vous l'avez deviné. C'est l'unique raison de ma venue.

– Mon ami, vous aurez sans doute fort à faire avant de l'obtenir. Vous êtes grièvement blessé et celui qui a amené la reine jusqu'ici ne vous la rendra pas sans combat. Il faut que vous vous reposiez jusqu'à la guérison complète de vos blessures. Je vous donnerai du baume des trois Maries[1] – et même du meilleur s'il en existait – car je désire ardemment votre rétablissement. La reine est captive en toute sécurité. Nul ne peut abuser d'elle, pas même mon fils qui l'a amenée ici, ce qui le met hors de lui. Vous êtes sous ma sauvegarde. Vous n'avez rien à redouter de qui que ce soit, excepté de celui qui enleva la reine.

– Seigneur, fit le chevalier, je vous remercie. Mais je suis en train de gaspiller un temps précieux. Je ne souffre pas de mes blessures. Conduisez-moi jusqu'à lui, équipé comme je suis. Je suis prêt à prendre des coups et à en donner.

– Mon ami, mieux vaudrait attendre une quinzaine de jours ou trois semaines, que vos plaies soient cicatrisées. Quinze jours de repos au moins vous feraient le plus grand bien car je ne supporterais pas de vous voir livrer bataille dans un tel état.

– Je me serais volontiers battu tout de suite si vous y aviez consenti. Pour vous être agréable,

1. D'après l'Évangile de saint Marc, Marie-Madeleine, Marie, mère de Jacques, et Marie-Salomé, mère de Jean l'Évangéliste, avaient acheté des aromates pour embaumer le corps de Jésus.

j'accepte cependant d'attendre jusqu'à demain, mais pas davantage.

Le roi donna son accord et fit conduire le chevalier au château en recommandant à ceux qui l'accompagnaient d'être à son entière disposition, ce dont ils s'acquittèrent au mieux.

Déployant tous ses efforts pour parvenir à la paix, il vint à nouveau trouver son fils.

– Cher fils, fais donc la paix avec ce chevalier. Il n'est pas venu ici pour s'amuser, aller à la chasse ou tirer à l'arc, mais bien pour accroître sa gloire et son renom. Dans l'état où il est, il aurait besoin d'une longue convalescence. S'il avait écouté mes conseils, il aurait retardé d'un mois ou deux ce combat. Mais il a trop hâte de le livrer. Crains-tu d'être déshonoré en lui rendant la reine ? Tu n'encourras aucun reproche. C'est au contraire une faute de retenir quelqu'un contre le droit et la raison.

– Vous vous mettez en émoi en dépit du bon sens, répondit Méléagant à son père. Par saint Pierre, je ne suivrai pas vos conseils. Je mériterais d'être écartelé si je vous écoutais. S'il cherche à accroître sa renommée, je cherche à accroître la mienne. S'il désire se battre, je le désire cent fois plus que lui.

– Je vois bien que tu t'obstines dans ta folie, regretta le roi. Puisque c'est ce que tu veux, demain, tu auras l'occasion de mettre ta force à l'épreuve face au chevalier.

– J'aurais voulu me battre aujourd'hui même, sans avoir à attendre demain. Voyez comme la déception se lit dans mes yeux et sur mon visage. Je n'éprouverai ni joie ni plaisir avant l'heure du combat.

Le père comprit que c'était en vain qu'il prodiguait à son fils des conseils de sagesse. Il le quitta à contrecœur, choisit un cheval robuste et bien dressé, de belles armes, et les fit envoyer à celui qui en avait grand besoin. Il lui fournit aussi l'assistance d'un homme très âgé, un bon chrétien, plus expert dans la guérison des plaies que tous les médecins de Montpellier[1]. Ce soir-là, celui-ci s'employa, comme on le lui avait demandé, à soigner du mieux qu'il pouvait le chevalier.

1. La ville était déjà réputée pour son enseignement de la médecine. Rabelais y sera étudiant.

LANCELOT CONTRE MÉLÉAGANT

Les gens du pays, comme les étrangers, après avoir chevauché toute la nuit, ne tardèrent pas à arriver. Dès l'aube, une foule immense se pressait devant le château.

Le roi, qui s'était levé de bonne heure, préoccupé par le combat, vint une nouvelle fois trouver son fils. Celui-ci avait déjà coiffé et lacé son heaume et refusa toute possibilité de paix ou même de sursis.

À la requête du roi, le combat allait se dérouler au pied du donjon, au centre de la place où s'était rassemblée une foule immense. Baudemagu demanda qu'on fasse venir le chevalier étranger sur cette place où des gens du royaume de Logres étaient venus nombreux, comme on le fait habituellement pour les grandes fêtes comme Noël ou la Pentecôte. Les jeunes filles étrangères, nées au royaume du roi Arthur, avaient jeûné pendant trois jours[1] et étaient venues pieds nus et en che-

1. Tous les manuscrits s'accordent pour dire que le combat a lieu dès le lendemain. Il est difficile de comprendre comment les jeunes filles étaient au courant depuis trois jours.

mise de laine[1] pour que Dieu donne la victoire au chevalier qui devait combattre en champion de tous les prisonniers. Celles[2] du pays avaient fait la même chose pour le fils de leur seigneur.

Il était encore très tôt, bien avant l'heure de prime, lorsque l'on fit venir les deux chevaliers tout équipés au centre de la place sur deux chevaux caparaçonnés d'une housse de mailles de fer. Méléagant avait fière allure. Le haubert de fines mailles, le heaume et l'écu, qu'il portait suspendu à son cou, lui seyaient à merveille. Mais c'est vers l'autre que se tournaient tous les regards. Même ceux qui souhaitaient sa défaite trouvaient qu'il avait plus de prestance que Méléagant.

Le roi s'approcha pour tenter une dernière fois de trouver un accord de paix, mais il lui fut impossible de venir à bout de l'entêtement de son fils.

– Au moins, demanda-t-il aux chevaliers, faites l'effort de tenir fermement vos chevaux jusqu'à ce que je sois monté dans la tour.

1. C'est la tenue des pèlerins. Les vêtements de laine à même le corps mortifient la chair.

2. « *Cil* » (normalement *ceux*) et non « *celes* » (*celles*), mais, pour la symétrie, il faut sans doute admettre qu'il s'agit des jeunes filles, d'autant qu'en ancien français, on ne respecte pas toujours scrupuleusement la déclinaison des pronoms démonstratifs. Ainsi, au vers 3627, tout le monde traduit « *celes* » (« *celes qui a lui se tenoient* ») par *ceux qui prenaient parti pour lui*.

Il les quitta et alla chercher la reine qui lui avait demandé, la veille au soir, de pouvoir assister au combat. Il l'installa à une fenêtre et s'accouda à une autre, à la droite de la reine.

Autour d'eux, il y avait beaucoup de monde : des chevaliers, des dames d'un certain âge, des jeunes filles natives du pays et aussi un grand nombre de captives qui priaient avec une grande ferveur pour leur libération.

Les chevaliers font reculer tous ceux qui se pressent autour d'eux. Ils passent le bras dans les énarmes des écus. Ayant éperonné leurs chevaux pour les lancer au galop, ils se frappent si violemment de leurs lances qu'elles s'enfoncent dans le bois des écus et volent en éclats. Emportés par leur élan, les chevaux se heurtent front contre front, flanc contre flanc. Les écus et les heaumes s'entrechoquent dans un fracas de tonnerre. Les courroies de la selle, les étriers et les rênes se rompent et les arçons, pourtant solides, sont en pièces. Les deux chevaliers n'ont aucune honte à se retrouver à terre puisque tout le harnachement a cédé. Ils se relèvent d'un bond pour reprendre le combat avec plus de férocité que deux sangliers. Sans perdre de temps à se couvrir d'injures[1], ils se portent de grands coups de leurs épées d'acier comme s'ils se vouaient une haine

1. La première phase d'un combat est traditionnellement un échange de défis et d'insultes.

mortelle. Ils entaillent si profondément les heaumes et les hauberts brillants que le sang jaillit. Ils s'affrontent de toutes leurs forces, multipliant les assauts sans qu'aucun des deux prenne l'avantage.

Il était inévitable que celui qui avait traversé le pont faiblisse à cause de ses blessures aux mains et aux pieds. La frayeur s'empare de tous ceux qui ont placé leur espoir en lui quand ils voient ses coups perdre de leur vigueur. Ils ont grand-peur qu'il n'ait le dessous et que Méléagant ne l'emporte. La rumeur commence à se répandre. Mais, aux fenêtres de la tour, se tient une jeune fille d'une grande intelligence : elle se dit que le chevalier ne s'est lancé dans ce combat ni pour elle ni pour le menu peuple assemblé sur la place, mais uniquement pour la reine et que, s'il la savait à la fenêtre en train de le regarder, il retrouverait toute sa force et tout son courage. Ignorant son nom, elle ne peut l'interpeller. Alors, elle va trouver la reine et lui dit :

– Madame, par Dieu, dans notre intérêt commun, je vous demande, si vous le savez, de me dire le nom de ce chevalier afin de lui venir en aide.

– Il se nomme Lancelot du Lac, répond Guenièvre.

– Dieu, je retrouve la joie et le sourire, dit la jeune fille.

Elle se précipite à la fenêtre et hèle si fort le chevalier que tout le monde peut l'entendre :

– Lancelot, retourne-toi et regarde qui est là et ne te quitte pas des yeux.

Quand Lancelot entend son nom, il se retourne aussitôt. Alors il aperçoit là-haut, à la fenêtre de la tour, la personne qu'il avait le plus grand désir de voir. Il la contemple, reste les yeux fixés sur elle et ne regarde même plus son adversaire pour se défendre. Méléagant le presse autant qu'il peut, ravi que l'autre n'oppose plus de véritable résistance, pour la plus grande joie des gens du pays et à la consternation des étrangers captifs. Certains tombent à terre, à genoux ou de tout leur long. Les cris de détresse se mêlent aux cris de joie. Alors, depuis la fenêtre, la demoiselle s'écrie :

– Ah ! Lancelot, à quoi rime cette conduite insensée ? Autrefois, tu incarnais toutes les qualités et tout le courage. Je ne pense pas que Dieu ait fait un chevalier qui te soit comparable en vaillance et en renommée. Change de place afin de combattre en ayant devant les yeux cette tour qui te semblera si agréable à regarder.

Lancelot ressent profondément la honte d'avoir eu trop longtemps, et devant tout le monde, le dessous dans ce combat. Il se déporte d'un bond afin que son adversaire se trouve entre la tour et lui. Méléagant s'efforce de reprendre sa place, mais Lancelot l'assaille et le bouscule si violemment avec son écu qu'il l'en empêche à deux reprises au moins. L'amour lui fait retrouver toute sa force et sa hardiesse. Jamais encore il n'a haï un rival autant que celui-là. L'amour d'un côté, la haine mortelle de l'autre, le rendent si redoutable et si audacieux que la peur s'empare de Méléagant qui n'a jamais affronté un chevalier si indomptable. Il fait tout ce qu'il peut pour s'éloigner de lui et esquiver ses coups. Lancelot le repousse vers la tour en haut de laquelle la reine est accoudée à la fenêtre. Comme pour lui rendre hommage, il fait en sorte de demeurer juste à la bonne distance, évitant soigneusement le pas de trop qui l'empêcherait de continuer à la voir. La reine, sa dame, a allumé en lui cette flamme qui attise son ardeur contre Méléagant. Il manipule ce dernier à sa guise et le promène comme un aveugle ou un estropié.

Le roi, voyant son fils en si piètre état, incapable de se défendre, le prend en pitié. Il fera ce qu'il peut pour le sauver. C'est à la reine qu'il lui faut s'adresser.

– Madame, je n'ai cessé de vous témoigner affection et respect depuis que vous vous trouvez sous mon autorité. J'ai fait tout ce que je pouvais pour sauvegarder votre honneur. Le moment est venu de me montrer votre reconnaissance. Ce que je vais vous demander, vous ne l'accorderiez jamais, sinon par amitié. Je vois bien que, dans le combat qu'il est en train de livrer, mon fils a le dessous, ce qui ne m'attriste guère. Mais je vous prie d'intervenir afin que Lancelot, qui en a le pouvoir, ne le tue pas. Malgré les grands torts qu'il vous a causés, à vous et à ce chevalier, intervenez par amitié pour moi. Dites à Lancelot d'arrêter de frapper.

– Cher seigneur, puisque vous m'en priez, je le veux bien, dit la reine. Je n'aime guère votre fils et, même si je lui vouais une haine mortelle, vous avez fait preuve d'une telle prévenance à mon égard que, pour vous être agréable, je consens à ce que Lancelot cesse le combat.

Ces paroles, n'ayant pas été prononcées à voix basse, ont été entendues de Lancelot et de Méléagant. Celui qui aime obéit sans retard et de bonne grâce pour satisfaire le désir de son amie[1]. Il était normal que Lancelot, qui aimait encore plus que Pyrame[2], si cela était possible, obtempère en entendant : « Pour vous être agréable, je consens à ce que Lancelot cesse le combat. » Pour rien au monde il ne lèverait encore la main sur son adversaire, même au risque d'être tué. Il ne le touche plus. Il ne bouge plus. Et l'autre, ivre de colère et de honte qu'on ait fait cette demande pour l'épargner, frappe comme un forcené.

1. Formulation qui peut être prise dans un sens général : « *Molt est qui ainme obeïssanz / Et molt fet tost et volentiers, / La ou il est amis antiers, / Ce qu'a s'amie doie plaire* » (vers 3798-3801).

2. Allusion à l'histoire tragique de Pyrame et Thisbé relatée dans les *Métamorphoses* d'Ovide.

Il faut que le roi descende de la tour et vienne sur les lieux du combat raisonner son fils.

– Comment ? Est-il convenable que tu frappes un homme qui ne te porte plus aucun coup ? Tu es trop cruel et trop violent. Il n'est plus temps de faire le brave : nous avons tous vu que c'est lui le plus fort.

– Il faut être aveugle, réplique Méléagant, égaré par la honte, pour n'avoir pas vu que c'est moi qui l'emporte sur lui.

– Je te mets au défi de trouver quelqu'un qui te croira. Tous les gens assemblés ici connaissent bien la vérité.

Et le roi donne l'ordre à ses barons d'intervenir pour retenir son fils, ce qu'ils font aussitôt.

– Par Dieu, dit encore Baudemagu, il te faut maintenant faire la paix, rendre la reine et mettre fin à cette querelle.

– Vous parlez en vain. Ne vous mêlez pas de ça. Allez-vous-en. Laissez-nous poursuivre le combat.

– Je sais bien qu'il te tuerait si on vous autorisait à continuer.

– Il me tuerait ? C'est plutôt moi qui le tuerais, et vite fait !

– Ta folie et ton orgueil te conduiraient à la mort. Il faut être fou pour désirer sa propre mort. Même si tu dois me détester, jamais je ne permettrai que tu sois tué sous mes yeux. J'en aurais trop de peine.

Il finit par lui faire entendre raison. Au terme de l'accord, Méléagant consentit à libérer la reine à la condition que, dans un délai d'un an, au jour et à l'heure qu'il lui assignerait, Lancelot vienne se battre à nouveau contre lui. Cela n'avait rien pour déplaire à Lancelot. Il fut convenu que le combat se déroulerait à la cour du roi Arthur, seigneur de la Bretagne et de la Cornouaille. Au cas où il serait battu, Lancelot s'engageait à laisser repartir la reine avec Méléagant, sans que personne s'y oppose. La reine accepta aussi les termes de cet accord. On put alors désarmer les combattants.

Selon la coutume du pays, si un seul captif était libéré, tous les autres l'étaient également. C'est pourquoi ils sont venus en grand nombre autour de Lancelot lui exprimer leur reconnaissance et montrer leur immense joie.

– Seigneur, dirent-ils, quand nous avons entendu prononcer votre nom, nous avons tous eu la certitude d'être libérés.

Ils se pressaient autour de lui et essayaient de le toucher. Celui qui y parvenait ressentait un bonheur indicible. Quant à Méléagant et à ses partisans, ils restaient plongés dans des pensées sombres et moroses.

L'ÉTRANGE FROIDEUR DE LA REINE

Baudemagu quitta la place, accompagné de Lancelot qui lui avait demandé de le conduire auprès de la reine.

– C'est une requête tout à fait légitime, à laquelle je ne m'opposerai pas, avait répondu le roi. Si vous le voulez, je vous emmènerai aussi voir le sénéchal Keu.

Lancelot en avait ressenti une telle joie que, pour un peu, il se serait jeté aux pieds du souverain. Le roi le conduisit donc jusque dans la pièce où l'attendait la reine. Quand elle l'aperçut qui tenait Lancelot par la main, elle se leva à sa rencontre en montrant un visage courroucé. Puis elle baissa la tête sans prononcer un seul mot.

– Madame, dit Baudemagu, voici Lancelot qui vient vous voir. Cela doit vous faire plaisir.

– À moi, seigneur ? Certainement pas. Je n'ai que faire de sa visite.

– Vraiment ! Madame, repartit le roi, qui avait le cœur noble et généreux, d'où vous vient une telle réaction ? C'est mal vous comporter à l'égard d'un homme qui a tant fait pour vous servir, au point de s'exposer à de mortels périls. De plus, il a assuré votre défense contre mon fils, Méléagant, qui ne vous a libérée que contraint et forcé.

– Seigneur, je ne crains pas d'affirmer qu'il a perdu son temps et que je ne lui en suis aucunement reconnaissante.

Lancelot, désemparé, lui fit cette belle réponse, en parfait amant :

– Madame, ne doutez pas que votre attitude me cause une profonde tristesse, mais je n'ose vous en demander la raison.

Il aurait eu de quoi se lamenter si la reine l'avait écouté. Mais, le laissant à sa peine et à ses interrogations, elle se retira dans sa chambre sans lui adresser un seul mot, tandis qu'il l'accompagnait du regard et du cœur. Le chemin parcouru par les yeux fut court car la chambre était proche. Les yeux, remplis de larmes, restèrent dehors. Mais le cœur, en plus grand seigneur et maître, disposait d'un pouvoir supérieur : il franchit la porte derrière la reine.

Le roi dit alors en confidence au chevalier :

– Lancelot, je suis abasourdi. D'où vient que la reine ne veut ni vous voir ni vous parler ? Si elle avait coutume de s'entretenir avec vous, elle ne devrait pas s'y refuser aujourd'hui, après tout ce que vous avez fait pour elle. Dites-moi, si vous le savez, quelle raison ou quelle faute justifient un tel accueil.

– Seigneur, je ne m'y attendais pas. Mais il est clair que ma vue lui déplaît et qu'elle n'a nulle envie d'entendre ma voix. Cela me contrarie et me désole.

– Il est certain qu'elle a tort, dit Baudemagu, car vous vous êtes mis pour elle en danger de mort. Venez, cher ami, allons parler au sénéchal.

– Je le souhaite vivement.

Ils se rendirent ensemble auprès de Keu. Quand celui-ci vit Lancelot devant lui, il l'accueillit par ces mots :

– Vous m'avez couvert de honte !

– Moi ? s'étonna le chevalier. Expliquez-vous.

– En menant à bien l'aventure que je n'ai pu achever moi-même.

Le roi les laissa s'entretenir en tête à tête. Lancelot demanda au sénéchal s'il avait beaucoup souffert.

– Oui, répondit-il, et je souffre encore énormément. Je serais mort depuis longtemps si le roi qui vient de nous quitter ne s'était pas montré d'une grande générosité et n'avait pas tout fait pour que je puisse disposer de ce dont j'avais besoin. Mais, pour un bienfait de sa part, Méléagant, son fils, le fourbe, convoquait traîtreusement les médecins et leur donnait l'ordre de mettre sur mes plaies des substances mortelles. Ainsi, j'avais à la fois un père et un parâtre. Baudemagu faisait mettre sur mes plaies un emplâtre favorisant la guérison ; son fils cherchait à me tuer en le remplaçant par un onguent nocif. Je suis convaincu que le roi ne l'aurait pas toléré s'il l'avait su.

Apprenez aussi quelle noble attitude il a eue envers ma dame la reine. Jamais tour ne fut mieux gardée, et par un guetteur plus attentif, car il ne voulait pas que son fils, ce qui le désespérait, puisse seulement voir la reine, sinon en présence d'une foule de gens ou de sa propre personne. Ce noble roi – qu'il en soit remercié – l'a traitée jusqu'ici, et continue de le faire, avec tout le respect dû à son rang. Mais est-il vrai, comme on me l'a dit, qu'elle est si fâchée contre vous qu'elle a refusé publiquement de vous adresser la moindre parole ?

– On vous a rapporté la pure vérité, répondit Lancelot. Mais, par Dieu, savez-vous pour quelle raison elle me déteste ?

Keu répliqua qu'il en était tout à fait surpris et en ignorait la cause.

– Que sa volonté soit faite[1], dit Lancelot qui ne pouvait que se résigner. Maintenant, reprit-il, il me faut prendre congé pour aller au-devant de monseigneur Gauvain qui est entré en ce pays en empruntant le Pont sous l'Eau.

Et il sortit de la chambre pour aller se présenter devant le roi et lui demander congé.

1. « *Or soit a son comandemant* » (vers 4076). La soumission de Lancelot à sa dame est au moins féodale, presque religieuse.

LA CAPTURE DE LANCELOT ET LE DÉSESPOIR DE LA REINE

Parmi ceux que Lancelot avait libérés, ils étaient nombreux à vouloir l'accompagner. Avec la reine demeurèrent les jeunes filles toutes joyeuses, des dames et aussi des chevaliers. Tous auraient préféré rentrer sans plus tarder au pays, mais la reine les retint auprès d'elle parce qu'elle attendait l'arrivée de monseigneur Gauvain. Elle avait décidé de ne pas bouger avant.

Partout s'était répandue la nouvelle que la reine était tout à fait libre, ainsi que tous les prisonniers. Les gens du pays n'étaient pas fâchés[1] que les dangereuses voies d'accès soient désenchantées et que les choses ne soient plus comme avant. Tout le monde pouvait désormais aller et venir à son gré.

Quand ceux qui n'avaient pas assisté au combat apprirent comment Lancelot s'en était sorti, ils se dirigèrent tous vers le chemin qu'il allait

1. On trouve dans trois manuscrits : « *Et… de ce sont molt corecié* » (*sont très fâchés et profondément inquiets*), et dans tous les autres : « *ne sont pas irié* » (*ne sont pas fâchés, sont bien contents*).

emprunter, car ils pensaient plaire au roi en le capturant et en le lui livrant. Comme le chevalier et ceux qui l'accompagnaient ne portaient aucune arme, et que les autres étaient bien équipés, rien d'étonnant à ce qu'on les ait capturés sans mal. Ils ramenèrent Lancelot les pieds attachés sous le ventre de son cheval. Ses compagnons leur dirent :

– Vous agissez mal car nous sommes tous sous la sauvegarde du roi.

– Nous ne sommes pas au courant, répondirent-ils. C'est en tant que prisonniers que vous allez devoir comparaître à la cour.

La rumeur, qui vole et court, toujours prompte à se répandre, parvint aux oreilles du roi : des gens à son service se sont emparés de Lancelot et l'ont mis à mort. Baudemagu, totalement accablé, jura sur sa propre tête que, s'il mettait la main sur ceux qui avaient tué le chevalier, ils subiraient le même sort. Ils seraient pendus, brûlés ou noyés sans même pouvoir se défendre, tant étaient immenses sa tristesse et l'affront qu'ils lui avaient infligé. S'il n'en tirait pas vengeance, on ne manquerait pas de le lui reprocher.

La fausse nouvelle de la mort de Lancelot ne tarda pas à parvenir aux oreilles de la reine, qui venait de prendre place à table. Pour un peu, elle se serait donné la mort sur-le-champ car elle la croyait vraie. Elle en était bouleversée au point qu'elle avait du mal à trouver ses mots. Elle parvint cependant à dire devant tous ceux qui étaient présents :

– En vérité, ce n'est pas sans raison que la mort de Lancelot me cause un immense chagrin. C'est pour moi qu'il est venu en ce pays. Comment n'en serais-je pas profondément affligée ?

Puis elle ajouta pour elle-même, à voix basse, afin de n'être entendue de personne, qu'il ne faudrait plus jamais lui demander de boire ni de manger si celui auquel elle tenait comme à sa propre vie était mort. En proie à une profonde affliction, elle se leva de table pour laisser éclater sa peine sans témoin. Elle se confessait à elle-même et se repentait, se faisait des reproches et s'accusait d'avoir gravement péché envers celui qui, elle le savait bien, avait toujours été à elle et continuerait de l'être s'il était encore vivant. Elle s'en voulait tant de s'être montrée cruelle que sa beauté s'en trouvait plus altérée que par la veille et le jeûne. Elle ne cessait de se répéter : « Hélas ! Qu'est-ce qui m'a pris, lorsque mon ami s'est présenté devant moi, de ne pas l'accueillir avec joie et de ne même pas daigner l'écouter ? N'ai-je pas agi comme une folle en refusant de lui parler et de le regarder ? Comme une folle ? Plutôt comme une femme cruelle et traîtresse. Pour moi, ce n'était qu'un simple jeu, mais lui ne l'a pas pris ainsi et ne m'a pas pardonnée. Personne d'autre que moi ne lui a porté le coup mortel. C'est au moment où j'ai refusé de lui adresser la parole que je lui ai arraché le cœur et la vie. Mon Dieu, pourrai-je un jour racheter ce meurtre et ce péché ? On verra auparavant les fleuves se tarir et la mer s'assécher. Hélas ! Comme je serais soulagée et apaisée si, au moins une fois avant sa mort, nous avions pu être ensemble, nus, étroitement enlacés. Il n'est plus, et c'est lâcheté de ma part de ne pas aussi rechercher la mort. Mais cela nuit-il à mon ami que je lui survive ? C'est peut-être lâcheté de vouloir mourir plutôt que de continuer à souffrir pour lui. Il me plaît infiniment de prolonger cette souffrance. J'aime mieux vivre et souffrir plutôt que de trouver le repos dans la mort[1]. »

La reine, tout à sa peine, resta prostrée pendant deux jours sans manger ni boire, si bien qu'on la crut morte.

Il y a toujours du monde pour colporter les nouvelles, encore plus volontiers les mauvaises que les bonnes. C'est ainsi qu'on rapporta à Lancelot la mort de celle qui était sa dame et son amie. Il en fut, croyez-le bien, profondément affligé. Tout le monde put voir combien il était accablé de chagrin.

Sachez qu'il était désespéré, au point de perdre goût à la vie. Il voulait se tuer sans attendre. Mais, auparavant, il laissa éclater sa peine. Tandis qu'il

1. Belle devise ainsi formulée : « *Mialz voel vivre et sofrir les cos / Que morir et estre an repos* » (vers 4243-4244).

faisait un nœud coulant avec sa ceinture, il se lamentait, tout en pleurs :

« Ah ! Mort ! Tu m'as bien pris au piège ! J'étais en parfaite santé et me voilà tout faible ! Je n'ai plus de forces et pourtant je ne ressens aucun mal à part le chagrin qui me glace le cœur. C'est un mal mortel. Et je veux qu'il le soit. Si Dieu y consent, j'en mourrai. Il suffit qu'il me laisse serrer ce nœud autour de ma gorge. Ainsi, je forcerai la mort à m'ôter la vie. Il me tarde qu'elle vienne. »

Sans plus tarder et sans que personne le voie faire, il passa sa tête dans le nœud coulant, le plaça bien autour de son cou et attacha solidement l'autre extrémité de la ceinture à l'arçon de sa selle. Puis il se laissa glisser sur le sol pour se faire traîner par son cheval. Il ne voulait pas vivre une heure de plus. En le voyant tomber à terre, ceux qui chevauchaient avec lui et qui n'avaient pas remarqué le nœud qui lui serrait la gorge, le crurent victime d'un malaise. Ils le saisirent à bras-le-corps, le relevèrent et ce ne fut qu'alors qu'ils découvrirent le nœud et s'empressèrent de le trancher. Mais la ceinture avait si fortement compressé sa gorge, au risque de rompre les veines du cou, que, pendant un long moment, Lancelot fut incapable de prononcer la moindre parole. Ensuite, qu'il l'ait voulu ou non, il n'aurait pu se donner la mort ni se faire le moindre mal car, même si cela lui déplaisait, on le surveillait de très près.

– Ah ! Mort ! se lamentait-il, comme tu es infâme et perverse ! N'étais-tu pas assez puissante pour me tuer moi plutôt que ma dame ? Tu aurais bien fait d'agir ainsi. Mais, par félonie, tu m'as épargné. Je me demande qui me hait le plus : la vie qui tient à moi ou la mort qui me repousse ? L'une et l'autre me tuent. J'aurais dû cesser de vivre dès l'instant où ma dame, la reine, me témoigna sa haine. Elle ne l'a pas fait sans avoir une raison, mais j'ignore laquelle. Dieu, de quel forfait me juge-t-elle coupable ? Peut-être a-t-elle appris que j'étais monté sur la charrette ? C'est cela qui m'a perdu. Je ne vois pas ce que j'ai fait d'autre dont elle pourrait me blâmer. Pour me reprocher cette faute, il faut ne pas savoir ce qu'est l'amour. Aucun acte inspiré par l'amour ne mérite le blâme. Tout ce qu'on fait pour son amie n'est qu'amour et courtoisie. Ne l'ai-je pas fait pour mon amie ? Je ne sais que dire, hélas ! Puis-je ou non l'appeler mon amie ? Ma dame n'a pas apprécié ce geste. L'accueil qu'elle m'a réservé en est la preuve. Et pourtant, moi qui suis son ami, en faisant cela j'ai encouru maints reproches de bien des gens. Mais ils ignorent tous ce qu'est l'amour. On accroît sa valeur quand on fait ce que l'amour commande, et alors tout est pardonnable. C'est au contraire celui qui n'ose le faire qui est coupable[1].

1. « *Car sanz faille molt en amande / Qui fet ce qu'Amors li comande, / Et tot est pardonable chose, / S'est failliz qui feire ne l'ose* » (vers 4393-4396).

Ainsi se lamentait Lancelot. Pendant ce temps, se répandait la nouvelle que la reine n'était pas morte. Lancelot en fut immédiatement tout réconforté. Si l'annonce de cette mort lui avait causé un désespoir immense, la joie qu'il éprouva ensuite fut bien cent mille fois plus grande.

Quand ils arrivèrent à six ou sept lieues de l'endroit où se trouvait le roi Baudemagu, celui-ci eut l'immense plaisir d'apprendre que Lancelot était sain et sauf. En homme d'une parfaite courtoisie, il en informa aussitôt la reine qui lui répondit :

– Cher seigneur, je le crois volontiers puisque vous le dites. S'il était mort, je vous assure que plus jamais je n'aurais connu le bonheur.

Le roi se retira. Il tardait à Guenièvre que revienne son ami qui faisait sa joie. Elle avait perdu toute envie de lui faire le moindre reproche.

La rumeur ne prend jamais de repos. C'est ainsi qu'il lui vint aux oreilles que Lancelot se serait tué pour elle s'il l'avait pu. Elle n'en douta pas, s'en réjouit, mais ne l'aurait voulu pour rien au monde car cela aurait été un bien trop grand malheur pour elle.

RETROUVAILLES

Voici qu'arrive Lancelot, qui est venu aussi vite qu'il l'a pu. Le roi se précipite aussitôt vers lui pour le serrer dans ses bras. La joie qu'il ressent lui donne des ailes. Mais elle retombe aussitôt lorsqu'il aperçoit ceux qui l'ont capturé et attaché. Il leur dit que c'est pour leur malheur qu'ils ont agi ainsi et qu'ils n'échapperont pas à la mort. Ils répondent qu'ils pensaient que telle était la volonté royale.

– Ce qui vous a paru bon me déplaît, rétorque le roi. Ce n'est pas Lancelot, c'est moi que vous couvrez de honte, car je l'avais placé sous ma protection. Vous n'aurez pas l'occasion d'en rire en sortant d'ici.

Quand Lancelot voit le souverain si courroucé, il s'efforce du mieux qu'il peut d'apaiser sa colère et y parvient. Alors le roi l'emmène voir la reine.

Cette fois, elle ne garde pas les yeux baissés. Elle vient toute joyeuse à sa rencontre, le traite avec beaucoup d'égards et le fait asseoir à côté d'elle. Ils parlent à leur aise de tout ce qui leur est agréable et la matière ne manque pas car l'amour leur en fournit en abondance.

Voyant que tout ce qu'il dit plaît à la reine, le chevalier ajoute en confidence :

– Madame, je m'étonne de l'accueil que vous m'avez réservé avant-hier quand je me suis présenté devant vous. Vous ne m'avez pas adressé le moindre mot ! Il s'en est fallu de peu que vous ne causiez ma mort, car je n'ai pas eu sur le coup la hardiesse de vous en demander la raison. Je suis prêt à vous offrir réparation si vous me dites quelle faute j'ai commise et qui m'a fait endurer bien des tourments.

– Comment, répond la reine, n'avez-vous eu ni honte ni peur de monter dans la charrette ? Vous ne l'avez fait que bien à contrecœur puisque vous avez marqué deux pas d'hésitation[1]. C'est pour cela que je ne voulais ni vous voir ni vous parler.

– Dieu me préserve d'une telle faute une autre fois !

– Mon ami, vous êtes totalement pardonné, et de bon cœur.

– Madame, je vous en remercie, mais je ne peux vous dire ici tout ce que je voudrais. J'aimerais, si c'était possible, vous parler plus à loisir.

Alors, désignant du regard une fenêtre, la reine dit :

– En passant par le verger, venez me parler à

1. Qui a bien pu l'en informer ?

cette fenêtre cette nuit, lorsque tout le monde sera couché. Vous ne pourrez pas entrer. Je serai dedans et vous dehors. Je ne pourrai être avec vous qu'en vous parlant et en vous tenant la main mais, pour l'amour de vous, je resterai, si vous le voulez, jusqu'au matin. Il nous est impossible de nous retrouver plus intimement. Dans la chambre, est couché le sénéchal Keu qui souffre énormément des blessures dont son corps est couvert. Et la porte est fermée à clé et gardée. Attention à ne pas vous faire voir.

– Madame, je ferai en sorte que personne ne me voie et ne puisse répandre de médisances.

Le rendez-vous étant pris, tous deux se séparent dans la joie et Lancelot sort de la chambre en ayant oublié tous ses malheurs.

Mais il lui semble que le jour tarde à passer et que la nuit se fait trop longtemps attendre, mettant sa patience à rude épreuve. Dans son combat contre le jour, la nuit finit par l'emporter et le recouvre enfin de son manteau. Alors, feignant d'être épuisé, Lancelot prétexte qu'il a grand besoin de repos. Vous pouvez facilement comprendre, vous qui avez déjà eu recours à ce stratagème, que même s'il prétend devant les autres qu'il est fatigué, il n'a pas du tout envie de rester au lit. Il se relève presque aussitôt. Il n'est pas fâché que ne brillent ni la lune ni les étoiles et qu'il n'y ait plus ni chandelle, ni lampe, ni lanterne allumée dans la maison. D'ailleurs, tout le monde est persuadé qu'il passera la nuit à dormir dans son lit.

Il se hâte en direction du verger sans rencontrer personne. Par chance, depuis peu, un pan du mur entourant le verger s'était écroulé. Il passe par la brèche et arrive bien vite sous la fenêtre. Il se tient là, silencieux, évitant de tousser ou d'éternuer.

La reine apparaît enfin, simplement vêtue d'une chemise blanche sur laquelle elle n'a passé ni bliaut* ni tunique, portant seulement sur les épaules un court manteau de soie et de fourrure de marmotte.

Quand Lancelot voit Guenièvre apparaître à cette fenêtre munie de gros barreaux de fer, il lui adresse un salut très tendre auquel elle s'empresse de répondre. Ils partagent le même intense désir. Aussi ne perdent-ils pas leur temps en vains propos. Ils se tiennent par la main, le plus près possible l'un de l'autre, maudissant les barreaux de fer.

Mais le chevalier se fait fort d'entrer dans la chambre si la reine le lui permet. Ce ne sont pas des barreaux qui l'arrêteront !

– Voyez comme ils sont trop rigides pour être tordus et trop solides pour être brisés, lui dit sa dame. Vous aurez beau les empoigner et les tirer, vous ne réussirez pas à en arracher un seul.

– Madame, je crois que ce fer ne m'empêchera pas longtemps de venir jusqu'à vous si vous m'y autorisez. Mais, si cela vous déplaît, l'obstacle me sera réellement insurmontable.

– Je le veux bien, c'est certain, dit-elle. Mais il vous faut attendre que j'aie regagné mon lit afin que le bruit ne cause pas notre[1] perte. Si le sénéchal qui dort ici me voyait à la fenêtre, il l'interpréterait fort mal.

– Madame, allez-y. Ne craignez rien. Je ne ferai pas de bruit.

La reine s'éloigne, et Lancelot, empoignant les barreaux, les tire vers lui et parvient si bien à les faire bouger qu'il les arrache de leur scellement. Mais le fer étant coupant, il s'entaille la première phalange du petit doigt jusqu'au nerf et la première articulation du doigt voisin. Il pense tant à autre chose qu'il ne s'aperçoit ni de ses blessures ni du sang qui coule. La fenêtre a beau être assez haute, Lancelot la franchit lestement. Il passe devant le lit où dort Keu et arrive à celui de la reine. Il s'incline devant elle, comme en adoration, car il la vénère davantage que toutes les reliques des saints. Guenièvre lui tend les bras, l'étreint contre sa poitrine et l'entraîne à côté d'elle dans le lit où elle lui réserve le plus bel accueil que lui dictent l'amour et son cœur. Si elle éprouve pour lui un amour immense, celui

1. « *Ne vos meschiee* » (vers 4620), que nous avons interprété en « *ne nos* ». La situation est, en effet, gravement compromettante pour eux deux.

de Lancelot pour elle est cent mille fois plus grand, car si Amour se montre avare et médiocre en certains cœurs, il s'est totalement épanoui dans le sien.

À présent, le chevalier voit tous ses désirs satisfaits car la reine se livre volontiers à ses étreintes. L'échange de baisers et le jeu des sens les comblent de plaisir et de bonheur, et ils ressentent un bien-être si intense qu'il n'y en eut jamais de pareil. Mais je n'en dirai pas plus car ce n'est pas le propos de mon récit ! Que Lancelot eut de joie pendant toute la nuit !

Mais, hélas, arrive le matin, et il lui est bien pénible de sortir du lit et de se séparer de son amie. C'est un véritable martyre. Il se lève, mais son cœur demeure auprès de la reine qu'il n'a aucune envie de quitter. Le corps s'en va mais le cœur reste. Le chevalier se dirige vers la fenêtre en ignorant qu'il laisse sur les draps les traces du sang qui a coulé de ses doigts. Il s'en va, au désespoir, poussant des soupirs et sans pouvoir retenir ses larmes. Les amants n'ont pas fixé d'autre rendez-vous car c'est impossible. C'est bien à contrecœur que Lancelot franchit à nouveau la fenêtre par laquelle il était si volontiers entré. Malgré ses blessures aux doigts, il parvient à redresser et à remettre parfaitement en place les barreaux, si bien que, d'où que l'on se place, il est impossible de s'apercevoir qu'ils ont été tordus et descellés.

Une dernière fois, tourné vers la chambre, il se prosterne comme devant un autel, puis s'éloigne, le cœur serré, et, sans rencontrer qui que ce soit, regagne son logis. Il se couche tout nu dans son lit sans réveiller personne. Ce n'est qu'à ce moment qu'il s'aperçoit de ses blessures. Mais il ne songe pas à s'en plaindre car il aurait préféré qu'on lui arrache les deux bras plutôt que de renoncer à passer cette fenêtre.

LA REINE ACCUSÉE

Au matin, la reine, qui était encore assoupie dans sa chambre garnie de tentures[1], n'avait pas vu que ses draps étaient tachés de sang et les croyait toujours bien blancs. Cependant, Méléagant, à peine prêt et habillé, se rendit à la chambre où la reine s'éveillait.

Apercevant les draps tachés de sang frais, il se tourna aussitôt vers le lit du sénéchal et vit que les draps de Keu étaient aussi maculés de sang, car, pendant la nuit, ses blessures s'étaient rouvertes.

– Madame, dit Méléagant, j'ai trouvé les preuves que je cherchais. On est fou de vouloir garder une femme. C'est se donner bien du mal pour rien. Celui qui la surveille la perd encore plus vite que celui qui n'y prend garde. Mon père vous a soigneusement protégée de moi, mais pas du sénéchal qui a pris tout son plaisir avec vous cette nuit. Je n'aurai aucun mal à le prouver.

– Comment cela ? s'étonna la reine.

– Je vois sur vos draps comme sur les siens le

1. À l'intérieur d'une grande pièce, ces tentures servent à délimiter des espaces privés appelés « chambres ».

sang qui a coulé de ses plaies. C'est une preuve indiscutable.

Ce n'est qu'à ce moment que la reine remarqua, à sa grande surprise, les traces de sang sur les draps de l'un et l'autre lit. Elle en rougit de honte.

– Dieu me protège, dit-elle, ce n'est pas Keu qui a mis du sang sur mes draps. Cette nuit, j'ai sans doute saigné du nez.

Elle pensait dire la vérité.

– Toutes vos tentatives de justification sont bien inutiles, répliqua Méléagant. Vous êtes bel et bien coupable. Les preuves sont là.

Puis, s'adressant aux gardes qui étaient présents :

– Ne bougez pas d'ici et veillez à ce que les draps ne soient pas enlevés avant mon retour. Je veux que le roi me rende justice quand il aura vu la chose.

Ayant trouvé son père, il se jette à ses pieds et lui dit :

– Seigneur, venez voir la reine et allez constater ce que vous ne soupçonniez pas. Mais, auparavant, je vous demande de ne pas manquer de reconnaître mon bon droit. Vous savez dans quelle aventure périlleuse je me suis engagé pour conquérir Guenièvre, ce qui m'a valu votre inimitié. Ce matin, alors que j'allais la regarder dans son lit, j'ai découvert qu'elle couchait chaque nuit avec Keu. J'en suis profondément contrarié et viens m'en plaindre auprès de vous.

– Je n'en crois rien, répondit le roi.

– Seigneur, puisque vous ne me croyez pas sur parole, allez voir dans quel état Keu a mis ses draps.

– Alors, allons-y, dit Baudemagu. Mes yeux découvriront ce qu'il en est.

Le roi se rendit aussitôt à la chambre où la reine était en train de se lever. Il vit dans son lit et dans celui de Keu les draps tachés de sang.

– Madame, fit-il, si ce que m'a dit mon fils est vrai, l'affaire est grave pour vous.

– Par Dieu, répliqua-t-elle, jamais, même dans un cauchemar, on n'inventa un aussi noir mensonge. Je suis certaine que le sénéchal Keu est parfaitement courtois, loyal et au-dessus de tout soupçon. De mon côté, je ne fais pas commerce de mon corps. Keu n'est assurément pas homme à me faire une si infamante demande, et je ne suis pas femme à l'accepter.

– Seigneur, dit Méléagant à son père, c'est de vous que relève la justice. Je vous demande d'exiger de Keu qu'il paie son forfait et que la honte en retombe sur la reine. Il a trahi le roi Arthur, son seigneur qui lui faisait confiance et qui avait placé sous sa sauvegarde la personne qui lui était la plus chère.

– Seigneur, permettez-moi de me justifier, intervint Keu. Quand je quitterai ce monde, que Dieu me damne si j'ai couché avec ma dame ! Qu'il ne me permette jamais de guérir et me fasse mourir sur-le-champ si j'ai eu une telle pensée !

Ce que je sais, c'est que mes plaies ont abondamment saigné cette nuit : c'est pour cela que mes draps sont tachés de sang. C'est à tort que votre fils ne me croit pas.

– Tous les démons vous ont échauffé le corps cette nuit, et si vos plaies se sont rouvertes, c'est assurément parce que vous avez fait preuve de trop d'ardeur, répondit Méléagant. Le sang sur les deux lits en est la preuve irréfutable. Il faut se rendre à l'évidence. La justice exige que l'on paie pour son crime.

– Seigneur, seigneur, dit Keu au roi, je défendrai ma dame et moi-même de ce dont votre fils m'accuse à tort.

– Il n'est pas question que vous vous battiez, répondit Baudemagu. Vous êtes encore bien trop souffrant.

– Même dans l'état où je suis, je me battrai pour bien montrer que je ne suis en rien coupable.

La reine, qui avait, en toute discrétion, fait avertir Lancelot, dit au roi qu'elle disposerait d'un chevalier pour assurer la défense de Keu face à Méléagant, si celui-ci ne se dérobait pas.

– Je ne refuse le combat contre aucun chevalier, fût-il un géant, répliqua aussitôt Méléagant. L'un de nous deux devra s'avouer vaincu.

C'est alors que Lancelot fit son entrée dans la chambre où s'étaient assemblés un grand nombre de chevaliers. Aussitôt, la reine entreprit de lui expliquer devant tout le monde :

– Lancelot, voici de quoi m'accuse honteusement Méléagant : il dit que, cette nuit, Keu a couché avec moi parce qu'il a vu du sang sur mes draps et les siens. Le sénéchal sera jugé coupable s'il se montre incapable de se défendre ou si personne n'entreprend le combat à sa place.

– Il est inutile de plaider plus longtemps votre cause, dit Lancelot. À Dieu ne plaise que l'on vous soupçonne, ou lui ou vous, dans cette affaire ! Je suis tout à fait disposé à me battre.

Méléagant bondit :

– Dieu me garde, cela me convient parfaitement ! Que personne n'aille penser le contraire !

– Seigneur roi, dit Lancelot, d'après ce que je sais en matière de procès et de jugement, on ne doit pas entamer le combat avant d'avoir prêté serment pour une accusation aussi grave.

Et Méléagant, qui n'éprouve pas le moindre doute, répondit aussitôt :

– Allons-y pour les serments. Qu'on apporte les saintes reliques car je sais bien que j'ai le droit pour moi[1].

Les deux adversaires demandèrent qu'on leur apporte des armes et qu'on amène les chevaux. Dès qu'ils furent entièrement équipés, avec l'aide des valets, on sortit les reliques. Méléagant

1. Il s'agit ici d'une ordalie, un jugement directement rendu par Dieu, invoqué comme garant de l'authenticité des serments.

s'avança, Lancelot à ses côtés. Tous deux s'agenouillèrent. Méléagant étendit la main au-dessus des reliques et jura à haute voix :

– Je prends à témoin Dieu et le saint dont les reliques sont ici présentes que le sénéchal Keu a partagé le lit de la reine cette nuit et a pris son plaisir avec elle.

– Et moi, je t'accuse de parjure, dit Lancelot. J'affirme sous serment qu'il n'a pas couché avec elle et ne l'a même pas approchée. Que Dieu punisse à son gré celui de nous deux qui a menti et qu'il fasse clairement apparaître la vérité[1]. Je voudrais ajouter un autre serment : même si cela peut peiner certains parmi vous, si avec la seule aide de Dieu et des reliques ici présentes, il m'est aujourd'hui donné de prendre le dessus sur Méléagant, je jure que je ne lui accorderai aucune grâce.

En entendant ces propos, le roi ne pouvait qu'éprouver une vive inquiétude.

Après la prestation des serments, on amène deux magnifiques et robustes chevaux. Chacun

1. Serment ambigu que l'on peut rapprocher de celui que prononce Iseut dans le *Tristan* de Béroul : « *Or escoutez que je ci jure,* [...] *Qu'entre mes cuises n'entra home, / Fors le ladre qui fist soi some, / Qui me porta outre le guez, / Et li rois Marc, mes esposez* » (vers 4199-4208). (« *Écoutez bien, je jure ici qu'entre mes cuisses ne s'est glissé aucun homme autre que le vagabond qui m'a portée sur son dos pour franchir le gué et le roi Marc, mon époux.* ») Or, le vagabond est Tristan.

des deux chevaliers monte en selle et ils se précipitent l'un contre l'autre aussi vite que leurs montures peuvent les porter. Ils se heurtent en plein élan avec une telle force que leurs lances volent en éclats et qu'il ne leur en reste plus qu'un tronçon dans la main. Tous deux sont désarçonnés, mais ils sont indemnes et se relèvent immédiatement. Ils se frappent aussi fort que possible du tranchant de leurs épées, cherchant à se blesser. Sous la violence des coups, ils font jaillir des étincelles de leurs heaumes. Ils se livrent à de furieux assauts dans un incessant va-et-vient des lames de leurs épées et se rendent coup pour coup sans s'accorder la moindre pause pour reprendre haleine.

Le roi, profondément angoissé par ce combat, fait appel à la reine, venue s'accouder à la fenêtre de la tour. Il la supplie, par Dieu le Créateur, de consentir à ce que les combattants se séparent.

– Tout ce que vous souhaitez ne rencontrera de ma part aucune opposition. Je vous donne mon accord.

Lancelot a bien entendu la réponse de la reine. Dès lors, il ne cherche plus l'affrontement, tandis que Méléagant frappe de plus belle. Il faut que le roi se précipite et retienne son fils. Celui-ci proteste en disant que, pour lui, il n'est pas question de faire la paix.

– Tais-toi, dit Baudemagu. Tu ferais bien de m'écouter ! As-tu oublié que tu dois livrer bataille contre lui à la cour du roi Arthur ? Sois certain que tu tireras plus de gloire à triompher là-bas que partout ailleurs.

Le roi a dit cela pour tenter de le raisonner et de le calmer. Il y parvient, et c'est ainsi qu'il réussit à séparer les combattants.

GAUVAIN AU PONT SOUS L'EAU

Lancelot, qui avait hâte d'aller retrouver monseigneur Gauvain, vint demander congé à Baudemagu et à la reine. Avec leur autorisation, il s'achemina vers le Pont sous l'Eau, en compagnie, un peu contre son gré, d'un grand nombre de chevaliers.

Ils avaient avancé rapidement et n'étaient plus qu'à une lieue du Pont sous l'Eau, qu'ils ne pouvaient pas encore voir, lorsque vint à leur rencontre un nain chevauchant un grand cheval de chasse, avec à la main un fouet à lanières pour le faire avancer.

Le nain demanda, comme il en avait reçu l'ordre :

– Lequel d'entre vous est Lancelot ? Ne me le cachez pas. Je suis des vôtres. Vous n'avez rien à craindre. C'est pour votre plus grand bien que je vous pose cette question.

– Je suis celui que tu cherches, répondit Lancelot.

– Ah ! Noble chevalier, crois-moi, quitte tous ces gens et viens seul avec moi. Je vais te conduire en un lieu qui te conviendra. Que personne ne te suive. Que tout le monde t'attende ici même où nous serons de retour dans peu de temps.

Lancelot, qui ne se méfiait pas, demanda à tous ceux qui l'accompagnaient de bien vouloir patienter et suivit le nain qui venait de le trahir. Les autres pouvaient l'attendre longtemps car ceux qui s'étaient emparés de lui n'avaient pas la moindre envie de le leur rendre.

Bien vite, ceux qui avaient fait escorte au chevalier s'impatientèrent de ne pas le voir revenir. Ils ne savaient que faire. Tous étaient convaincus que le nain les avait trompés et ils en étaient profondément affligés. Ils se mirent vainement à la recherche de Lancelot sans avoir la moindre idée de l'endroit où il pouvait être. Alors ils convinrent ensemble que le plus sage était de se rendre jusqu'au Pont sous l'Eau, qui était tout proche, et de poursuivre ensuite leur quête en bénéficiant des conseils de monseigneur Gauvain.

Ils prirent donc la direction du pont et, dès leur arrivée, aperçurent monseigneur Gauvain qui avait perdu l'équilibre et était tombé dans l'eau. Il remontait à la surface, puis coulait à nouveau. On le voyait puis il disparaissait. Ils s'approchèrent et lui tendirent des branches, des perches et des crochets pour qu'il puisse s'agripper. Il n'avait plus que son haubert sur le dos, son heaume lacé sur la tête et ses chausses de fer toutes rouillées à cause de la sueur, tant il avait enduré d'épreuves et affronté en vainqueur bien des périls. Sa lance, son écu et son cheval étaient restés sur l'autre rive. Ceux qui réussirent à le repêcher craignaient qu'il ne soit plus en vie tant il avait avalé d'eau. Il ne fut pas en état de prononcer le moindre mot avant de l'avoir toute recrachée. Quand il eut enfin repris son souffle et recouvré l'usage de la parole, il demanda à ceux qui étaient autour de lui des nouvelles de la reine. On lui répondit qu'elle se trouvait auprès du roi Baudemagu qui ne la quittait pas un seul instant et la traitait avec beaucoup d'égards.

– Quelqu'un a-t-il réussi à venir en ce pays pour la chercher ? demanda monseigneur Gauvain.

– Oui, lui répondit-on, Lancelot du Lac, qui est passé par le Pont de l'Épée. Il est venu à son secours, l'a libérée et nous tous avec elle. Mais nous avons vilainement été trahis par un chien de nabot bossu et grimaçant qui nous a enlevé Lancelot. Nous ignorons ce qu'il a fait de lui.

– Quand cela ? demanda Gauvain.

– Seigneur, aujourd'hui même et tout près d'ici, alors que nous venions à votre rencontre.

– Comment le chevalier s'est-il comporté depuis qu'il est dans ce pays ?

Ils entreprirent de tout lui raconter sans oublier le moindre détail. Ils ajoutèrent que, pour rien au monde, la reine n'accepterait de partir avant de l'avoir revu ou d'avoir eu de ses nouvelles.

– Dès que nous aurons quitté ce pont, nous nous mettrons en quête de Lancelot, répondit monseigneur Gauvain.

Mais tous jugeaient préférable de retourner d'abord auprès de la reine et pensaient que c'était au roi d'ordonner la recherche car ils craignaient que, par une nouvelle traîtrise, Méléagant, qui vouait à Lancelot une haine mortelle, ne l'ait fait capturer et emprisonner.

Ils se mirent donc aussitôt en route et ne tardèrent pas à arriver à proximité de la cour où se trouvaient le roi, la reine, et avec eux le sénéchal mais aussi le traître. Ils se plaignirent d'avoir été mortellement trahis. Cette mauvaise nouvelle n'apporta que tristesse à la reine. Elle s'efforça cependant de faire bonne figure à monseigneur Gauvain. Elle éprouvait de la joie et, en même temps, ne pouvait cacher sa peine. Pour Lancelot, elle avait le cœur serré ; pour Gauvain, elle rayonnait de joie.

En apprenant la disparition de Lancelot, tout le monde fut bouleversé. Le roi aurait été profondément heureux de l'arrivée de monseigneur Gauvain et de faire sa connaissance s'il n'avait été accablé par la trahison dont avait été victime Lancelot au point de rester comme prostré. La reine le pressa de faire entreprendre immédiatement des recherches à travers tout le pays. Monseigneur Gauvain, Keu et tous les autres sans exception joignirent leurs voix à cette demande.

– Il est inutile d'insister davantage. Laissez-moi faire, répondit Baudemagu. J'avais décidé d'entreprendre ces recherches bien avant qu'on m'en prie.

Chacun s'inclina avec respect devant lui et il envoya à travers tout le royaume des serviteurs fiables et compétents. Partout ceux-ci posèrent des questions sans recueillir la moindre information. Alors ils revinrent là où les attendaient tous les chevaliers. Gauvain et Keu se dirent prêts à partir eux-mêmes en quête de Lancelot, tout armés, la lance en avant.

Peu après, alors qu'ils venaient de sortir de table et qu'ils étaient dans la grande salle pour s'armer, car le moment de se mettre en route était venu, un valet fit son entrée, passa devant eux et vint droit devant la reine. Le teint de rose de Guenièvre s'était altéré, tant elle se tourmentait d'être sans nouvelles de Lancelot. Après l'avoir saluée, ainsi que le roi qui se trouvait à côté d'elle, puis Keu, monseigneur Gauvain et tous les autres, le jeune homme, qui tenait une lettre à la main, la tendit au souverain. Celui-ci la prit et demanda à un clerc* de la lire à haute voix. Il sut déchiffrer sans problème ce qui était écrit sur le parchemin : Lancelot saluait le roi comme son seigneur, le remerciait de ses bienfaits et se mettait entièrement à son service. Il faisait savoir aussi qu'il était en parfaite santé, de retour auprès du roi Arthur, lequel demandait à la reine de revenir avec monseigneur Gauvain et le sénéchal Keu.

La lettre portait des sceaux[1] qui la rendaient crédible et qu'ils crurent authentiques. Aussi furent-ils tous remplis d'une allégresse qui résonna à travers toute la cour. Il fut convenu de partir dès le lendemain au point du jour.

1. « *Et si a entresaignes tes / Qu'il durent croire, et bien le crurent* » (vers 5270-5271). Les marques d'authentification ne peuvent être qu'une imitation des sceaux du roi Arthur. Méléagant est aussi un faussaire.

RETOUR À LA COUR DU ROI ARTHUR

Dès l'aube, sitôt les préparatifs terminés, ils se mirent en selle dans une ambiance joyeuse. Le roi leur fit escorte un long bout de chemin[1], jusqu'aux limites de sa terre. Puis il prit congé de la reine et de tous les autres sans exception. Pour le remercier de tout ce qu'il avait fait pour elle, Guenièvre lui passa les bras autour du cou et lui offrit toute sa reconnaissance, ainsi que celle de son époux. Monseigneur Gauvain aussi l'assura de son amitié et de son dévouement. Et tous les autres firent de même.

Le retour de la reine était proche. La nouvelle parvint à la cour et réjouit fort le roi Arthur. Il se faisait une joie aussi de revoir son neveu Gauvain car il croyait que c'était grâce à ses prouesses que s'en revenaient la reine, Keu et tous les autres. Mais la réalité était bien différente. Pour les accueillir, la ville se vida de ses habitants. Tous, tant les chevaliers que les vilains*, se portèrent à leur rencontre en criant :

1. C'est un signe de courtoisie qui complète le portrait du roi Baudemagu.

– Bienvenue à monseigneur Gauvain qui nous ramène la reine et a fait libérer bien d'autres dames et tant de prisonniers !

Et Gauvain leur répondit :

– Seigneurs, c'est à tort que vous m'adressez ces louanges. Ne vous donnez plus cette peine. Je n'y suis pour rien. Je n'ai pu arriver à temps. C'est Lancelot qui était au rendez-vous et qui mérite les plus grands honneurs car jamais il n'y eut un chevalier de sa valeur.

– Où est-il, très cher seigneur, puisque nous ne le voyons pas avec vous ?

– Où ? s'étonna monseigneur Gauvain. Mais à la cour.

– Non, certainement pas. Ni nulle part ailleurs en ce pays.

C'est alors que monseigneur Gauvain comprit que la lettre était fausse et qu'ils s'étaient laissé abuser, qu'ils avaient été dupés. Les voilà tous replongés dans une profonde tristesse.

Le roi leur demanda aussitôt des nouvelles de toute l'affaire. Ils furent nombreux à pouvoir lui raconter les exploits accomplis par Lancelot, à lui dire comment, grâce à lui, la reine et tous les prisonniers avaient été libérés et, enfin, par quelle trahison le nain avait pu le leur enlever. Cela déplut fort à Arthur et lui causa une peine immense mais, à cause du retour de la reine, son cœur était plein d'allégresse, si bien qu'en lui la joie estompait la tristesse.

LE TOURNOI DE NOAUZ

Pendant que la reine était retenue loin du pays, à ce que je crois savoir, un certain nombre de dames et de demoiselles s'étaient concertées et avaient déclaré vouloir prochainement se marier. Pour cela, elles avaient décidé d'organiser un grand tournoi opposant le parti de la dame de Noauz à celui de la dame de Pomelegoi. Les chevaliers qui se montreraient les plus mauvais ne mériteraient aucun intérêt; en revanche, elles accorderaient leur amour à ceux qui brilleraient le plus. Elles feraient annoncer le tournoi dans tous les pays avoisinants comme dans les plus lointains. La date prévue était très éloignée afin que beaucoup de monde puisse venir.

La reine étant de retour, les jeunes filles vinrent nombreuses à la cour demander au roi de leur accorder un don conforme à leur désir. Avant qu'elles l'aient formulé, le roi leur assura qu'il serait accordé. Alors elles lui dirent qu'elles souhaitaient que la reine assiste à leur tournoi. Lui, qui ne pouvait pas refuser, accepta, à la condition que la reine donne son consentement.

Les jeunes filles allèrent donc immédiatement lui présenter leur requête.

– Madame, ne nous reprenez pas ce que le roi vient de nous accorder.

– De quoi s'agit-il ? Dites-le-moi.

– Si vous voulez bien assister au tournoi que nous organisons, il ne s'y opposera pas.

La reine répondit qu'elle irait puisque le roi l'y autorisait.

Les jeunes filles firent alors savoir à travers tout le pays que la reine assisterait au tournoi. La nouvelle circula si bien qu'elle se répandit jusqu'au royaume dont nul ne revenait, mais où tout le monde désormais pouvait aller et venir à son gré.

Elle fut tant et si bien dite et redite qu'elle parvint jusque chez un sénéchal de Méléagant, le déloyal, le traître, qu'il périsse par le feu de l'enfer ! Ce sénéchal avait la garde de Lancelot, que son ennemi mortel avait fait emprisonner chez lui. Lancelot eut donc connaissance de l'annonce du tournoi et du jour fixé. Dès cet instant, il ne put s'empêcher d'avoir les larmes aux yeux et le cœur lourd. La femme du sénéchal vit bien qu'il était en proie à de tristes pensées et, alors qu'elle était seule avec lui, elle lui en demanda la cause.

– Seigneur, dites-moi la vérité. Pour quelle raison avez-vous changé à ce point ? Vous ne buvez plus. Vous ne mangez plus. Je ne vous vois plus jamais vous distraire ou rire. Vous pouvez en toute confiance me dire ce qui vous tourmente.

– Ah ! Madame, il n'y a rien d'étonnant à ce que je sois triste ! Je suis complètement désemparé de ne pouvoir être là pour le tournoi, quand tout le monde se rassemblera et quand la terre tremblera sous les sabots des chevaux. Et cependant, si vous l'acceptiez, vous en qui Dieu a mis tant de bonté, vous pourriez m'y laisser aller. Je vous donne l'assurance de revenir en votre prison.

– Certes, je le ferais volontiers si cela n'entraînait pas et ma perte et ma mort. Je redoute tant Méléagant, mon seigneur, ce scélérat, que je n'oserais le faire car il tuerait aussitôt mon mari. Vous savez comme il est cruel.

– Madame, pour apaiser vos craintes, je vous fais le serment qu'aucune raison ne me retiendra ni ne m'empêchera de regagner votre prison sitôt après la fin du tournoi.

– Ma foi, je le veux bien, à une condition.

– Laquelle, madame ?

– Seigneur, que vous me juriez de revenir et de m'accorder votre amour.

– Madame, à mon retour, je vous accorderai tout l'amour dont je peux disposer.

– C'est-à-dire que je n'aurai rien, dit la dame en riant. J'ai bien compris que vous avez déjà accordé à une autre l'amour que je vous ai demandé. Pourtant, je me contenterai de prendre le peu qu'il me sera possible d'avoir. Jurez au moins de revenir ici même, en cette prison.

Lancelot prêta serment sur la sainte Église, et la dame lui remit les armes vermeilles de son mari ainsi que son cheval qui était beau, robuste et intrépide.

Le chevalier se met en selle. Il est déjà parti. Et le voilà parvenu à Noauz. C'est le camp qu'il a choisi. Il prend la précaution de se faire héberger à l'extérieur de la ville. Jamais on n'a vu un homme aussi vaillant dans un si modeste logis. Mais il ne voulait pas se rendre en un lieu où on le reconnaîtrait. Les meilleurs et plus brillants chevaliers étaient hébergés en grand nombre au château. Mais il en était tant venu pour voir la reine qu'un cinquième d'entre eux n'avait pu se loger à l'intérieur de la cité. À cinq bonnes lieues à la ronde, on en trouvait sous des tentes ou des huttes. C'était une vraie merveille de voir rassemblées tant de nobles dames et demoiselles.

Lancelot avait suspendu son écu à la porte de son logis et, pour se délasser, après s'être désarmé, il s'était allongé sur un lit peu confortable, étroit, au matelas bien mince, recouvert d'un gros drap de chanvre. Alors qu'il se reposait ainsi, survint un vaurien en simple chemise, engagé comme héraut d'armes*, qui avait laissé en gage à la taverne[1] sa tunique et ses chausses. Il se hâtait, nu-pieds, et aussi peu vêtu malgré le vent. Il avait

1. La taverne est traditionnellement représentée comme un lieu de débauche et de perdition.

bien vu l'écu au-dehors, mais sans savoir à qui il appartenait. Comme la porte était ouverte, il entra et vit Lancelot allongé sur le lit. Il le reconnut au premier coup d'œil et se signa. Lancelot lui interdit de parler, ni ici, ni ailleurs, et lui assura que, s'il ne gardait pas le silence, il vaudrait mieux pour lui s'être crevé les yeux ou rompu le cou.

– Monseigneur, je vous admire tant ! répondit le héraut. Aussi longtemps que je vivrai, je ne ferai rien qui puisse vous fâcher contre moi.

Or, sitôt sorti de la maison, il se mit à crier à tue-tête :

– Il est arrivé celui qui l'emportera ! Il est arrivé celui qui l'emportera !

De toutes parts, les gens sortaient et le pressaient de dire de qui il s'agissait. Il n'eut pas l'audace de le dévoiler et se contenta de répéter ces mots, qui furent ainsi prononcés pour la première fois : « Il est arrivé celui qui l'emportera ! » C'est à ce héraut que nous devons cette expression[1].

Les chevaliers des deux camps étaient rassemblés, la reine était là, ainsi que toutes les dames et tous les autres, car il y avait aussi de nombreux serviteurs.

1. Cette expression, qui figure dans divers recueils de proverbes, est ainsi formulée en ancien français : « *Or est venuz qui l'aunera !* »

À l'endroit où le tournoi devait se dérouler, on avait dressé de grandes et très belles tribunes en bois où avaient pris place la reine, les dames et les demoiselles qui voulaient assister au tournoi. Les chevaliers arrivaient par groupes de dix, vingt ou trente, ici quatre-vingts, là quatre-vingt-dix, cent, ou même deux fois plus. Ils étaient si nombreux, rassemblés devant les tribunes et tout autour, que la mêlée allait pouvoir commencer. Il y avait tant de lances qu'on aurait dit une véritable forêt. On ne voyait qu'elles avec leurs bannières et leurs gonfanons*.

Les premiers jouteurs s'avancent et trouvent de nombreux adversaires à qui se mesurer. Les autres se préparent en attendant leur tour d'accomplir des exploits. Les prairies, les terres labourées ou en friche sont couvertes de tant de chevaliers qu'on ne saurait en évaluer le nombre.

Lancelot n'a pas participé aux premiers échanges. Mais, quand le héraut le voit venir, il ne peut s'empêcher de crier :

– Il est arrivé celui qui l'emportera ! Il est arrivé celui qui l'emportera !

On lui demande de qui il s'agit, mais il refuse d'en dire plus.

Quand Lancelot se lance dans la mêlée, il se montre à lui seul l'égal des vingt meilleurs. Tout le monde a les yeux fixés sur lui, où qu'il se trouve. Dans le camp de Pomelegoi, il y a un chevalier preux et vaillant dont le cheval fougueux peut courir plus vite qu'un cerf sur la lande. C'est le fils du roi d'Irlande. Il s'est montré particulièrement brillant et redoutable, mais on admire quatre fois plus le chevalier inconnu. Tout le monde a grande envie de savoir qui il est.

Alors la reine prend à part une jeune fille de sa suite, vive et intelligente, et lui dit :

– Demoiselle, je vous charge de transmettre au plus vite un message qui tient en peu de mots. Descendez de ces tribunes, allez trouver le chevalier qui arbore des armes vermeilles et dites-lui en secret que je lui demande de combattre « au pire ».

La jeune fille a vite fait de remplir sa mission. Elle vient tout près du chevalier et lui dit discrètement, sans que personne l'entende :

– Seigneur, madame la reine me charge de vous transmettre cet ordre : « au pire ».

En homme totalement dévoué, il répond qu'il le fera bien volontiers.

Lançant son cheval au grand galop, il se porte alors à la rencontre d'un chevalier et, maladroitement, frappe à côté. De cet instant jusqu'au soir, il s'applique à faire le pire qu'il lui est possible puisque tel est le bon vouloir de la reine. Mais l'autre, lui, ne manque pas son coup et frappe avec violence. Lancelot s'enfuit et, de tout le reste de la journée, ne dirige plus son cheval vers aucun adversaire. Il s'applique à ne rien faire que se couvrir de honte. À son grand déshonneur, il fait semblant de redouter tous ceux qui vont et viennent autour de lui. Il devient la risée des chevaliers et de tous ceux qui l'admiraient au début. Le héraut, qui avait maintes fois proclamé : « Voici celui qui les vaincra tous les uns après les autres[1] ! », est accablé et tout déconfit par les railleries qu'on lui adresse :

– Tu aurais mieux fait de te taire, l'ami ! Il n'est pas capable de se mesurer aux autres.

– Que se passe-t-il ? s'étonnent beaucoup de gens. Il était si vaillant tout à l'heure et le voilà devenu si poltron qu'il n'ose plus affronter aucun chevalier. Peut-être n'a-t-il brillé au début que par ignorance des armes ? Maintenant, il en a appris assez pour ne plus jamais avoir envie d'en porter. Il n'a plus le cœur à l'ouvrage. Il n'y a pas plus lâche au monde !

La reine, loin de s'attrister, se sent totalement comblée, car elle a la certitude, et se garde bien d'en rien dire, que ce chevalier est Lancelot.

Jusqu'au soir, il se fait ainsi passer pour un couard.

À la tombée du jour, quand vint le moment de se séparer, une grande discussion s'éleva entre tous ceux qui pensaient l'avoir emporté. Le fils du roi d'Irlande était persuadé que l'honneur du tournoi lui revenait. Mais il se trompait lourdement car nombreux étaient ceux qui avaient fait

1. La formule est légèrement différente : « *Cil les vaintra trestoz a tire* » (vers 5678).

aussi bien que lui. Même le chevalier aux armes vermeilles avait su séduire les dames, à tel point que tout le jour il avait réussi à attirer leurs regards. Elles avaient bien vu comment il s'était d'abord montré vaillant et courageux, avant de se changer en un lâche n'osant plus affronter personne et que le pire des autres aurait pu, semble-t-il, à sa guise renverser ou faire prisonnier. Tout le monde tomba d'accord pour poursuivre le tournoi le lendemain ; les demoiselles choisiraient alors pour maris ceux qui se seraient particulièrement distingués ce jour-là.

Sur ce, chacun regagna son logis. Un peu partout, ils étaient nombreux à se dire :

– Où est passé le pire des chevaliers, ce bon à rien ? Où se cache-t-il ? Peut-être que nous ne le reverrons plus car la lâcheté l'a fait déguerpir. Il n'a sans doute pas tort car il est cent mille fois plus confortable d'être un lâche que d'être un preux, un vrai combattant.

Ainsi, toute la nuit, ces médisants firent-ils des gorges chaudes. Mais tel qui dit du mal d'autrui est souvent pire que celui qu'il blâme ou méprise[1]. Chacun dit ce qui lui plaît.

Au point du jour, tout le monde était prêt à reprendre le tournoi. La reine regagna les tribu-

1. Dicton ainsi formulé : « *Mes tex dit sovant mal d'autrui / Qui est molt pires de celui / Que il blasme et que il despit* » (vers 5759-5761).

nes en compagnie des dames, des demoiselles et des chevaliers qui, ce jour-là, ne portaient pas les armes, étant des croisés ou bien des prisonniers[1]. Ceux-ci leur présentaient les armoiries des chevaliers qu'ils admiraient le plus.

Voyez-vous celui qui arbore un écu rouge barré d'une bande d'or? C'est Governal de Roberic. L'autre à côté qui porte sur son écu un aigle et un dragon? C'est le fils du roi d'Aragon qui est venu en ce pays pour se couvrir de gloire. Et celui avec l'écu vert et azur orné d'un léopard, qui éperonne son cheval et se montre si adroit dans la joute? C'est Ignauré le Désiré, l'amoureux, le séducteur. Celui dont l'écu est orné de deux faisans bec à bec? C'est Coguillant de Mautirec. Et ces deux-là, sur des chevaux pommelés, qui portent des écus dorés ornés de lions gris? L'un s'appelle Sémiramis et l'autre est son compagnon d'armes. Tous deux arborent les mêmes armoiries. Celui qui a fait peindre sur son écu une porte par laquelle sort un cerf? C'est le roi Yder.

Ainsi, depuis les loges, passaient-ils en revue tous ceux qu'ils connaissaient. Mais nulle part ils

1. Un chevalier vaincu par un autre lui doit une rançon ou un service pour racheter sa liberté. Il ne peut prendre le risque d'être blessé lors d'un tournoi. Et, l'Église contestant vivement les tournois, les futurs croisés doivent évidemment réserver leurs forces pour la croisade.

n'aperçurent celui pour qui ils avaient ressenti tant de mépris. Ils pensaient qu'il s'était abstenu de revenir prendre part à la mêlée. Voyant qu'il semblait effectivement absent, la reine décida d'envoyer quelqu'un à sa recherche. Qui s'acquitterait mieux de cette tâche que la jeune fille de la veille ? Elle l'appela et lui dit :

– Demoiselle, je vous envoie auprès du chevalier. Allez-y tout de suite en chevauchant votre palefroi. Cherchez-le jusqu'à ce que vous le trouviez. Dites-lui seulement ceci : qu'il fasse encore « au pire » ! Et écoutez sa réponse.

La jeune fille ne s'attarda pas. Elle avait bien pris soin de regarder, la veille au soir, dans quelle direction il s'en allait, ayant la certitude qu'on l'enverrait à nouveau vers lui. Elle passa à travers les rangs des chevaliers et finit par le trouver. Aussitôt, elle alla discrètement lui dire de faire encore « au pire » s'il voulait avoir l'amour et les bonnes grâces de la reine.

Puisque c'était ce qu'elle demandait, il répondit :

– Il sera fait selon sa volonté.

À peine la jeune fille est-elle repartie que, de toutes parts, les huées recommencent à fuser. Valets, hommes d'armes, écuyers, tout le monde s'écrie :

– Quelle merveille ! Voici revenu l'homme aux armes vermeilles ! Mais à quoi bon ? Personne au monde n'est plus méprisable que lui.

La demoiselle s'en retourne auprès de la reine qui ne lui laisse aucun répit avant d'avoir entendu la réponse, laquelle lui procure une immense satisfaction. Elle est tout à fait sûre à présent que ce chevalier est bien celui qui lui est tout dévoué et auquel elle s'est donnée corps et âme. Aussi demande-t-elle à la jeune fille de retourner lui dire sans délai qu'elle lui donne cette fois l'ordre de faire « au mieux ».

La jeune fille se met en selle et va le plus vite possible transmettre son message :

– Seigneur, ma dame vous demande maintenant de faire « au mieux ».

– Rien de ce qu'elle me commande ne saurait m'être désagréable. Mon bonheur est de faire ce qui lui plaît.

Sans perdre de temps, la demoiselle rapporte à la reine ces propos qui ne peuvent que la ravir. De son côté, dès qu'elle l'a aperçue, elle s'est levée pour venir à sa rencontre et l'attend en haut des marches. La jeune fille monte. Elle arrive jusqu'à Guenièvre et lui dit :

– Madame, je n'ai jamais vu un chevalier aussi bien disposé. Celui-ci ne veut faire que ce que vous commandez. Il réserve le même accueil à ce qui lui est défavorable qu'à ce qui lui est favorable.

– Ma foi, répond la reine, cela se pourrait bien.

Alors elle retourne à la tribune pour regarder la suite du tournoi. Lancelot, sans attendre plus longtemps, empoigne l'écu car il brûle d'impatience de montrer toute sa valeur. Il dirige son destrier entre deux rangées de chevaliers et le lance à toute allure. Ils seront bientôt stupéfaits, tous ceux qui se sont moqués de lui une partie du jour et même de la nuit. Leur amusement n'a que trop duré.

Tenant son écu par les énarmes, le fils du roi d'Irlande se lance à bride abattue contre lui. Ils se heurtent si violemment que le fils du roi n'a soudain plus le goût de se battre. Sa lance a volé en éclats, car ce n'est pas sur de la mousse qu'elle a frappé, mais sur des planches de bois bien sec. Lancelot lui apprend un tour de sa façon: il lui plaque l'écu contre le bras et le pousse sur le côté pour l'envoyer rouler à terre. Des chevaliers des deux camps s'élancent: les uns pour lui porter secours, les autres pour les en empêcher. Les premiers, qui voulaient venir en aide à leur seigneur, ont tôt fait de vider les arçons au beau milieu de la mêlée.

Gauvain, qui est présent ce jour-là mais sans participer au combat, prend tant de plaisir à regarder les prouesses du chevalier aux armes vermeilles que, en comparaison, toutes les autres lui semblent bien ternes.

Le héraut, tout ragaillardi, se remet à crier:

– Voici celui qui l'emportera! Voici celui qui l'emportera! Aujourd'hui va se révéler toute l'étendue de sa bravoure.

Le chevalier dirige alors son cheval contre un adversaire fort élégamment vêtu. Il le heurte si rudement qu'il le fait voler à cent pieds de son cheval, peut-être plus. Il se montre si vaillant, tant à l'épée qu'à la lance, que tous ceux qui ne participent pas au combat sont ravis du spectacle. C'est un vrai régal de le voir renverser pêle-mêle chevaux et cavaliers. Ils sont bien peu nombreux ceux qui sont encore en selle. Et les chevaux qu'il a gagnés, il les distribue généreusement à qui les veut.

Ceux qui se moquaient de lui disent à présent :

– Nous nous sommes couverts de honte ! Nous avons eu grand tort de le dénigrer et de l'accabler de notre mépris. Il vaut bien à lui seul mille de ceux qu'on voit sur ce champ de bataille car il surpasse tous les autres. Aucun ne peut se comparer à lui.

Les demoiselles se disaient, en ouvrant grands leurs yeux émerveillés, qu'il leur ôtait tout espoir de mariage, car elles n'osaient plus compter ni sur leur beauté, ni sur leur richesse, ni sur les privilèges de leur rang. Comment daignerait-il épouser l'une d'entre elles ? Il est de bien trop grand mérite. La reine, qui les entendait, se retenait difficilement de rire. Elle savait bien que, même si on lui offrait tout l'or de l'Arabie, Lancelot n'accepterait jamais d'épouser la plus belle et la plus gracieuse de toutes les jeunes filles qui n'avaient d'yeux que pour lui. C'était bien en vain qu'elles le convoitaient et qu'elles se jalousaient comme si chacune était déjà son épouse.

Au moment de se séparer, tout le monde convint, dans les deux camps, que, vraiment, le chevalier à l'écu vermeil avait surpassé tous les autres. On le disait, et c'était vrai. Mais, en s'éloignant, il laissa tomber son écu, sa lance, le tapis de selle de son cheval, puis s'en alla à vive allure. Il agit si discrètement que personne ne s'en rendit compte. Il se mit en chemin pour retourner le plus rapidement possible d'où il était venu afin de respecter son serment.

Tous le cherchaient et se demandaient où il était. Ils ne risquaient pas de le trouver car il était déjà loin et ne tenait pas à être reconnu. Ceux qui voulaient lui faire fête étaient pleins de tristesse et profondément contrariés qu'il les ait ainsi quittés. Les demoiselles, encore plus tristes, disaient que, par saint Jean, elles ne se marieraient pas dans l'année. Puisque les meilleures d'entre elles n'avaient pu épouser celui qu'elles convoitaient, toutes les autres en étaient quittes. Le tournoi s'acheva ainsi, sans qu'aucune jeune fille ait pris un mari.

LE PRISONNIER DE LA TOUR

Lancelot retournait le plus vite possible vers sa prison, mais le sénéchal, rentré deux ou trois jours avant, demanda où était le prisonnier. Sa femme lui avoua l'avoir laissé se rendre au tournoi de Noauz après lui avoir remis les armes vermeilles soigneusement préparées et le cheval tout harnaché.

– Madame, vous ne pouviez vraiment pas faire pire ! s'exclama le sénéchal. Je vais le payer très cher car monseigneur Méléagant se montrera encore plus cruel envers moi que le droit de la mer pour les épaves[1]. Ce sera ma ruine et ma mort.

– Cher mari, apaisez vos craintes, dit la dame. Le chevalier m'a juré sur les saintes reliques qu'il reviendrait aussi vite que possible, une fois le tournoi terminé.

1. En vertu du « droit d'épave » (*li laganz*), le seigneur peut saisir tout ce qui s'échoue sur ses côtes. Deux manuscrits préfèrent « *li jaianz* » (*le géant*). Ce serait, selon Mario Roques, une allusion au géant Dinaduc qui faisait régner la terreur autour du Mont-Saint-Michel.

Le sénéchal se mit aussitôt en selle pour aller trouver son seigneur et l'informer de toute l'affaire, en n'omettant pas de mentionner, pour rassurer Méléagant, le serment que sa femme avait pris soin de faire prêter à Lancelot.

– Je suis certain qu'il ne manquera pas à sa parole, dit Méléagant. Pourtant, je regrette beaucoup le geste de votre femme. À aucun prix je n'aurais voulu qu'il se rende au tournoi. Repartez immédiatement et, lorsqu'il sera de retour, veillez à ce qu'il ne puisse plus sortir de sa prison. Et faites-le-moi aussitôt savoir !

– À vos ordres, dit le sénéchal.

Lorsqu'il revint chez lui, Lancelot avait déjà regagné sa prison. Alors, le sénéchal dépêcha immédiatement un messager pour en informer Méléagant. Dès qu'il apprit la nouvelle, celui-ci réquisitionna les meilleurs maçons et charpentiers du pays et leur ordonna de bâtir une tour au plus vite. La pierre fut extraite des falaises du bord de la mer car le pays de Gorre est bordé par un bras de mer. Au milieu de ce bras, se trouvait une île que Méléagant connaissait bien. C'est là qu'il commanda d'apporter la pierre pour édifier la tour. En moins de cinquante jours, l'édifice fut achevé et solidement fortifié, avec des murs épais. C'est là que le fils de Baudemagu fit amener et enfermer Lancelot. Ensuite, il donna l'ordre de murer les portes et fit jurer à tous les maçons de ne jamais dire un seul mot sur cette tour, qu'il voulait garder secrète. Il n'y avait pas de porte, pas d'ouverture, sinon une petite fenêtre par laquelle on faisait passer rarement et bien maigrement à manger au chevalier. C'est là que Lancelot allait devoir vivre. Ainsi en avait décidé Méléagant, le félon, le fourbe.

MÉLÉAGANT À LA COUR DU ROI ARTHUR

Après avoir pris toutes ces dispositions, Méléagant se rendit directement à la cour du roi Arthur. Sitôt arrivé, il se présenta devant le souverain, plein d'orgueil et de démesure, et lui tint ce discours :

– Roi, j'ai pris l'engagement de livrer bataille devant vous, en votre cour. Mais je ne vois pas Lancelot qui doit se battre contre moi. Je prends à témoin tous ceux qui sont ici présents que je demande le combat. Si Lancelot est ici, qu'il s'avance ou qu'il soit prêt à tenir sa parole dans un délai d'un an, jour pour jour. Je ne sais pas si on vous a rapporté les circonstances et les modalités du combat à venir, mais je vois ici des chevaliers qui pourraient vous renseigner s'ils daignaient dire la vérité. Si Lancelot prétend contester les faits, je n'aurai pas besoin d'un mercenaire pour lui régler son compte.

La reine, assise à côté du roi, l'attira à elle et lui dit à l'oreille :

– Seigneur, savez-vous qui est cet homme ? C'est Méléagant qui m'avait capturée avec le sénéchal Keu et lui a infligé tant de souffrances et de honte.

– Madame, j'ai bien compris, souffla Arthur. Je sais que c'est lui qui retenait captifs tant de mes sujets.

La reine n'en dit pas plus. Le roi répondit alors à Méléagant :

– Mon ami, nous n'avons aucune nouvelle de Lancelot, ce qui nous attriste profondément.

– Seigneur roi, Lancelot m'a dit que je le trouverais sans faute ici. Ce n'est qu'en votre cour que je dois faire valoir mon droit à cette bataille. Que tous les barons ici présents soient témoins : je le mets en demeure de respecter dans un délai d'un an l'accord que nous avons conclu.

À ces mots, monseigneur Gauvain, fort irrité par de tels propos, se leva et dit :

– Seigneur, il n'y a aucune trace de Lancelot en ce pays. Mettons-nous à sa recherche et, s'il plaît à Dieu, nous le retrouverons avant qu'une année se soit écoulée, à moins qu'il ne soit mort ou retenu prisonnier. S'il ne revient pas à temps, accordez-moi le droit de prendre les armes pour livrer bataille à sa place.

– Par Dieu, seigneur roi, dit Méléagant, donnez votre accord. Gauvain le veut. Je vous le demande aussi. Il n'est pas au monde de chevalier avec qui je voudrais tant me mesurer, sinon avec Lancelot. Mais, soyez-en sûr, je n'accepterai nul autre adversaire que l'un de ces deux chevaliers.

Le roi y consentit pour le cas où Lancelot ne serait pas de retour à temps.

Alors Méléagant quitta la cour et s'en alla retrouver le roi Baudemagu, son père.

LA SŒUR DE MÉLÉAGANT

Ce jour-là, à l'occasion de son anniversaire, le roi Baudemagu tenait dans la cité de Bath[1] une cour plénière fort joyeuse. À l'intérieur de la grande salle du palais, une foule très cosmopolite se pressait autour de lui, avec un grand nombre de chevaliers et aussi de jeunes filles. Parmi elles se trouvait la sœur de Méléagant.

Je vous dirai plus loin quel rôle elle va jouer. Je ne le ferai pas encore pour ne pas corrompre ou forcer mon récit. Je veux qu'il suive son droit chemin. Pour le moment, je vais vous dire ce que, en présence de tout le monde, petits et grands, Méléagant a déclaré à son père d'une voix forte :

– Mon père, que Dieu ait soin de votre âme ! Dites-moi, s'il vous plaît, si un homme dont les armes font trembler la cour d'Arthur n'est pas d'une grande vaillance et s'il n'est pas légitime qu'il en éprouve une grande fierté ?

1. Ville du Sommerset, riche en vestiges gallo-romains. Cette indication permet une localisation du royaume de Gorre.

Sans en entendre davantage, le père fit cette réponse :

– Mon fils, tous ceux qui ont de la valeur doivent honorer et servir celui qui en est digne et demeurer en sa compagnie.

Il l'invita alors à ne pas taire plus longtemps les raisons de sa remarque.

– Seigneur, vous n'avez pas oublié les termes de l'accord conclu entre Lancelot et moi-même. Devant de nombreux témoins, il a été convenu que, dans un délai d'un an, nous devions être prêts à nous affronter à la cour du roi Arthur. Je m'y suis présenté en temps voulu. J'y ai réclamé Lancelot, mon adversaire, mais n'ai pu le voir. Il est introuvable. Il s'est enfui bien loin. Mais je ne suis pas reparti sans que Gauvain m'ait juré que, si Lancelot n'est plus en vie ou ne revient pas dans un an, on ne repoussera pas la bataille. C'est lui-même qui se battra contre moi à sa place. Arthur n'a pas de chevalier de plus grand renom que lui. Mais, avant que fleurissent les sureaux, je verrai bien, en me mesurant à lui, si la réalité est à la hauteur de sa renommée.

– Mon pauvre fils, répondit le père, ce n'est pas sans raison que tu passes pour un sot ! Quiconque l'ignorait encore vient de l'apprendre par ta bouche. En vérité, un cœur vaillant fait preuve d'humilité. Mais un orgueilleux ne guérit jamais de sa folie. Mon fils, je te le dis pour ton bien, tu as le cœur sec, sans douceur et sans pitié. Tu es animé d'une folie furieuse qui causera ta perte. Si tu étais plein de vaillance, il y aurait des témoins pour l'attester le moment venu. On ne vante pas soi-même sa bravoure, les faits se suffisent à eux-mêmes. En agissant ainsi, non seulement tu n'augmentes pas ton renom, mais tu perds mon estime. Mon fils, je te sermonne, mais à quoi bon ? On perd son temps et sa peine à tenter de raisonner un fou.

Méléagant, hors de lui, laissa éclater sa colère. Je peux vous assurer que jamais on ne vit un mortel en proie à une telle fureur. Perdant toute mesure, il cria à son père :

– Est-ce que vous divaguez ou délirez pour me traiter de fou alors que je ne fais qu'exposer la situation qui est la mienne ? J'étais venu vous trouver comme mon père et mon seigneur, mais vous, vous m'insultez et me traitez d'une manière indigne. Vous ne sauriez même pas dire pourquoi.

– Oh, si, je le peux. Je ne vois en toi que rage et déraison : elles te perdront. Maudit soit celui qui aurait la naïveté de croire que Lancelot, le parfait chevalier, estimé de tous sauf de toi, se soit enfui parce qu'il te craignait ! Il est mort et enterré, ou enfermé dans une prison dont la porte est solidement fermée et il lui est interdit d'en sortir. S'il était mort ou gravement blessé, quelle perte immense ce serait !

Baudemagu se tut. Mais tout ce qu'il avait dit avait été attentivement écouté par l'une de ses filles, celle que j'ai évoquée précédemment[1]. Elle fut très triste d'apprendre de telles nouvelles à propos de Lancelot. Elle avait bien compris qu'il était enfermé quelque part puisqu'on était sans nouvelles de lui et qu'on n'en avait pas trouvé la moindre trace.

– Dieu me damne, fit-elle, si je prends du repos avant d'avoir eu de lui des nouvelles sûres et certaines.

Sans s'attarder un instant, sans faire de bruit, sans rien dire, elle se hâta d'enfourcher une mule très belle et docile. Mais, en quittant la cour, elle ne savait pas dans quelle direction aller. Elle prit le premier chemin et le suivit au hasard, seule, sans être accompagnée d'aucun chevalier ni serviteur. Elle se dépêchait, tant était grand son désir d'atteindre le but qu'elle s'était fixé. Elle ne devait ni s'arrêter ni se mettre en retard. Elle n'était animée que par une seule pensée : tirer Lancelot de prison si elle pouvait le trouver et si cela était possible. Auparavant, il lui faudrait le chercher dans bien des pays et les parcourir en tous sens. Mais à quoi bon vous raconter toutes ses haltes et toutes ses étapes par monts et par vaux pendant un mois ou plus, sans rien apprendre de nouveau ?

Un jour, alors que, triste et pensive, elle traversait un champ, elle aperçut au loin une tour

1. Il s'agit de la jeune fille à la mule qui apparaît une première fois aux pages 84-86.

près d'un bras de mer. Il n'y avait ni cabane ni maison à une lieue alentour. C'était la tour que Méléagant avait fait édifier pour y enfermer Lancelot. La jeune fille ne le savait pas. Dès le premier regard, il lui fut impossible d'en détacher ses yeux. Elle était sûre, en elle-même, d'avoir enfin trouvé ce qu'elle avait tant cherché. Après l'avoir si longtemps fait errer, Fortune l'avait enfin menée au but.

La demoiselle s'approche de la tour jusqu'à ce qu'elle puisse la toucher. Elle tourne autour. Elle écoute attentivement. Elle en examine le bas, puis le haut. Elle voit que la tour est haute et massive. Elle s'étonne de n'y voir ni portes ni fenêtres, si ce n'est une toute petite ouverture très étroite. Ne découvrant nulle trace d'escalier ni d'échelle pour une tour aussi haute, elle a la certitude que Lancelot est à l'intérieur. Elle en aura le cœur net avant d'absorber la moindre nourriture !

Elle veut appeler Lancelot par son nom, mais elle se retient parce qu'elle entend, provenant de l'intérieur de la tour, la voix rauque de quelqu'un qui se lamente et qui n'aspire plus qu'à la mort.

– Ah ! Fortune, comme ta roue a tourné pour mon malheur ! J'étais au sommet, je suis au plus bas. J'étais heureux, je suis malheureux. Autrefois tu me souriais, aujourd'hui tu pleures sur mon sort. Hélas ! Pauvre de moi ! À quoi bon lui avoir fait confiance alors qu'elle a vite fait de m'abandonner. En peu de temps, elle m'a fait choir. Fortune, en te jouant ainsi de moi, tu as mal agi ! Mais tu t'en moques ! Rien ne compte pour toi. Ah ! Sainte Croix, Saint-Esprit ! Je suis perdu, je suis mort, je suis complètement anéanti ! Ah ! Gauvain, vous qui avez tant de mérite, vous qui n'avez pas votre égal, je m'étonne que vous ne soyez pas encore venu à mon secours. Vraiment, en tardant trop, vous manquez aux devoirs de la courtoisie. Celui qui était votre ami aurait eu grand besoin de votre aide. Je peux affirmer que, si j'avais appris que vous étiez emprisonné, il n'est pas un lieu, si reculé soit-il, de ce côté-ci ou au-delà de la mer, où je ne vous aurais cherché pendant sept ans, voire dix, jusqu'à ce que je vous trouve. Mais à quoi bon ce débat ? Vous n'avez pas pris pour moi cette peine. Le vilain a raison d'affirmer qu'on a bien du mal à trouver un ami et que c'est dans l'adversité que l'on reconnaît les vrais amis[1]. Hélas ! Voilà plus d'un an que je suis emprisonné dans cette tour. Gauvain, j'affirme que c'est une faute de m'y avoir laissé. Mais peut-être n'en savez-vous rien ; alors c'est à tort que je vous blâme. Je suis sûr que, si vous aviez su la vérité, rien n'aurait pu vous empêcher, vous et vos compagnons, de venir me tirer de cette misère. De plus, c'était votre devoir au nom de notre compagnonnage et de notre amitié. Ah, qu'il soit maudit de Dieu celui qui m'inflige une

1. Allusion à un recueil intitulé *Les Proverbes du vilain.*

fin si ignominieuse ! C'est Méléagant, le pire des mortels qui, par jalousie, m'a infligé tout le mal qu'il a pu.

Celui qui passe le reste de sa vie à souffrir et à se lamenter s'est tu. Mais celle qui est en bas a entendu tout ce qu'il a dit. Elle ne veut plus perdre un instant maintenant qu'elle est certaine de toucher au but. Elle appelle avec force :

– Lancelot, mon ami qui êtes là-haut, je suis votre amie.

Comme il ne semble pas l'entendre, elle crie encore plus fort. Alors il croit percevoir une voix qui l'appelle. N'est-ce pas une illusion ? Il regarde attentivement autour de lui, mais ne voit personne d'autre à l'intérieur de la tour.

« Mon Dieu, se demande-t-il, qu'est-ce que j'entends ? On parle et je ne vois personne. Cela pourrait n'être qu'un songe, mais je suis bien éveillé et c'est ce qui m'intrigue. »

Alors, avec peine, il se lève et se dirige lentement, à petits pas, vers l'étroite ouverture. Il s'y accoude et regarde à l'extérieur. Il aperçoit, tout en bas, la jeune fille qui l'a appelé. Il ne sait pas qui elle est, mais elle, elle le reconnaît aussitôt et lui dit :

– Lancelot, je suis venue de très loin pour vous chercher. Dieu merci, j'ai enfin réussi ! Alors que vous vous dirigiez vers le Pont de l'Épée, c'est moi qui vous ai réclamé un don que vous avez daigné m'accorder : la tête du chevalier vaincu que je vous ai demandé de trancher. C'est en remerciement de ce don que j'ai entrepris de vous sortir d'ici.

– Demoiselle, grand merci ! répond le prisonnier. Je serai grandement récompensé du service que je vous ai rendu si je sors d'ici. Si vous réussissez à me libérer, je vous fais la promesse, par l'apôtre saint Paul, de vous être à jamais tout dévoué. Et je jure devant Dieu de vous rendre immédiatement tous les services que vous me demanderez.

– Ami, ne craignez rien, vous sortirez de cette prison aujourd'hui même. Je n'y renoncerai pas même pour mille livres. Ensuite, je veillerai à ce que vous puissiez prendre du repos dans les meilleures conditions. Il ne vous manquera rien de ce dont vous pourrez avoir besoin. Mais, auparavant, il me faut trouver quelque part un outil pour agrandir l'ouverture afin de vous sortir de là.

– J'ai ici une longue corde que les gardiens m'ont donnée pour monter ma nourriture : du pain d'orge rassis et de l'eau trouble qui me soulève le cœur.

La fille du roi Baudemagu, s'étant procuré un pic pointu et solide, le tend à Lancelot. À force de frapper de grands coups, de marteler sans relâche, de creuser, le voilà épuisé, mais il peut sortir sans difficulté. Quel soulagement pour lui ! Quelle joie immense d'être à l'air libre !

Voilà donc Lancelot libéré. Mais il est si fatigué de sa captivité qu'il chancelle. Avec une extrême douceur, la jeune fille le fait monter devant elle sur sa mule, puis ils s'en vont à vive allure. Elle n'emprunte pas la route directe mais des chemins détournés afin que personne ne les voie et ne risque de leur nuire.

Ayant évité les mauvais pas, les voici arrivés à un manoir où la demoiselle aimait à séjourner pour la beauté et l'agrément du lieu. La demeure était à elle et les serviteurs lui étaient entièrement dévoués. C'était un lieu sûr où rien ne manquait.

Elle demanda qu'on déshabille Lancelot et qu'on le couche dans un lit haut et somptueusement garni. Elle lui fit prendre un bain et, jusqu'à ce qu'il soit complètement rétabli et transfiguré, elle veilla sur lui avec tant de soins que je ne pourrais en évoquer seulement la moitié. Il était redevenu beau comme un ange. Il n'avait plus rien d'un gueux et toute trace de gale avait disparu. Il avait retrouvé la force de se tenir debout. Elle alla chercher pour lui une très belle robe* de soie pour l'en revêtir à son lever. Lancelot lui passa les bras autour du cou, lui donna un baiser et lui dit :

– Chère amie, c'est vous qui m'avez tiré hors de la prison et, grâce à vous seule et à Dieu, j'ai maintenant recouvré la santé. Vous pouvez disposer de moi et de mes services à votre gré. Vous avez tant fait pour moi que je suis tout à vous.

Mais voilà longtemps qu'on ne m'a pas vu à la cour d'Arthur, mon seigneur, qui m'a toujours traité avec beaucoup d'honneur. Là-bas, j'aurai beaucoup à faire. Aussi, douce amie, puis-je vous demander congé et m'y rendre sans vous déplaire ?

– Lancelot, mon doux, mon cher ami, dit la jeune fille, je vous l'accorde volontiers car, où que ce soit, je ne veux que votre honneur et votre bien.

Elle disposait d'un merveilleux cheval, le meilleur qu'on ait jamais vu, elle le lui donna. Il sauta en selle sans s'aider des étriers. Alors ils se recommandèrent mutuellement à Dieu.

LE RETOUR DE LANCELOT

Lancelot se mit en route, si heureux que, même en m'efforçant de faire pour le mieux, je ne saurais exprimer toute la joie qu'il ressentait d'avoir échappé au piège dans lequel il s'était fait prendre.

Maintenant, il ne cessait de se répéter que l'infâme scélérat qui l'avait emprisonné s'était perdu lui-même : « Malgré lui, je m'en suis sorti ! »

Il jura par Dieu que, pour tout l'or du monde, cette fois, il ne laisserait pas Méléagant lui échapper car il s'était montré vraiment trop déloyal. Et ce moment était proche. Méléagant, en effet, s'était présenté ce jour-là à la cour, sans que personne l'ait convoqué. Ce traître hypocrite voulut voir monseigneur Gauvain, auquel il demanda si l'on avait retrouvé Lancelot ou eu des nouvelles de lui. Comme s'il n'en savait rien ! Justement, il croyait savoir, mais il ne savait pas tout ! Gauvain lui répondit la vérité : on n'avait pas vu le chevalier et il n'était pas revenu.

– Puisqu'il en est ainsi, dit Méléagant, tenez donc l'engagement que vous avez pris car je ne veux pas attendre davantage.

– S'il plaît à Dieu, en qui je crois, répondit

Gauvain, je le ferai très bientôt, à votre convenance. Je compte bien être quitte envers vous. Mais, comme au jeu de dés, si je fais plus de points que vous, par Dieu et la sainte foi, je raflerai la mise.

Gauvain commanda aux écuyers d'apporter un tapis et de le dérouler devant lui. Il s'y assit et demanda aux valets de le revêtir de son armure. Ils étaient trois, peut-être ses cousins ou ses neveux, tous bien instruits et vaillants. Ils s'acquittèrent si bien de cette tâche qu'il n'y avait pas le moindre reproche à leur faire. L'un d'eux s'en alla ensuite chercher le destrier d'Espagne, capable de courir à travers champs ou par monts et par vaux plus vite que le vaillant Bucéphale[1]. C'est sur ce magnifique cheval qu'est monté Gauvain, le chevalier de grand renom, le mieux éduqué de tous les chrétiens. Il s'apprêtait à prendre son écu quand il vit Lancelot mettre pied à terre devant lui.

Quelle merveilleuse surprise ! Gauvain ne serait pas plus ébahi s'il l'avait vu tomber du ciel. Mais, dès qu'il est certain que c'est bien lui, rien ne peut l'empêcher de sauter à terre et de lui ouvrir grands les bras. Il le serre contre son cœur et l'embrasse. Quelle joie ! Quel immense bonheur de retrouver son compagnon ! Je vais vous dire, et vous pouvez me croire car c'est la vérité,

1. Cheval préféré et légendaire d'Alexandre le Grand.

qu'à l'instant même Gauvain aurait refusé qu'on le fasse roi plutôt que d'être privé de Lancelot.

Déjà, Arthur et tous les gens de sa cour savent que le chevalier, désiré depuis si longtemps, est de retour, sain et sauf. Tant pis si cela doit déplaire à quelqu'un. Tous, les jeunes comme les plus âgés, manifestent leur joie et, pour lui faire fête, la cour, qui l'a tant attendu, se rassemble. La liesse générale efface et chasse la tristesse qui régnait auparavant.

Et la reine, y prend-elle part ? – Oui, en tout premier. – Si rien ne pouvait lui causer autant de joie que cette heureuse arrivée, où est-elle ? Pourquoi ne s'est-elle pas précipitée à la rencontre de Lancelot ? – En vérité, elle se sent si proche de lui que le corps a bien du mal à ne pas suivre le cœur. – Et où est donc son cœur ? – Il couvre Lancelot de baisers et de caresses. – Et le corps, pourquoi reste-t-il à l'écart ? Sa joie n'est-elle pas parfaite ? Éprouve-t-il quelque dépit ou quelque rancœur ? – Certes non, mais il y a tant de gens, le roi et tous les autres, avec leurs yeux grands ouverts, qui auraient tôt fait de comprendre le secret de ses sentiments, si elle laissait le cœur lui dicter publiquement sa conduite. Cela serait une immense folie. Aussi Raison a-t-elle refréné son cœur débordant et ses folles pensées et leur a-t-elle tenu la bride. Avec sagesse, elle attend un moment propice en un lieu plus discret pour leurs retrouvailles.

Le roi rend de grands honneurs à Lancelot. Après lui avoir manifesté sa joie, il lui dit :

– Mon ami, il y a bien longtemps que je ne me suis réjoui à ce point, mais je me demande en quel lieu et en quel pays vous êtes demeuré si longtemps. Tout l'hiver et tout l'été, je vous ai fait chercher partout en vain.

– Vraiment, cher seigneur, répond Lancelot, je vais vous résumer en quelques mots ce qui m'est arrivé. Méléagant, cet infâme traître, m'a retenu dans sa prison depuis le jour où tous ceux qu'il retenait captifs ont pu quitter librement son pays. Il m'a fait vivre dans des conditions indignes, enfermé dans une tour au bord de la mer. J'y serais encore si je n'avais eu le secours d'une amie, une jeune fille à qui j'ai jadis rendu un petit service[1]. Pour ce don minime que je lui avais accordé, elle n'a pas ménagé sa générosité pour prendre soin de moi. Quant à celui que je déteste par-dessus tout, qui m'a infligé tant de honte et tant de mal, je tiens à lui payer tout ce que je lui dois, ici même et sans délai. C'est bien ce qu'il est venu chercher. Il y aura droit ! Et Dieu veuille qu'il n'en tire aucune gloire !

Alors Gauvain dit à Lancelot :

– Cher ami, cette dette, je peux la régler à votre créancier. Ce ne sera qu'un modeste ser-

1. À la demande de la jeune fille, il lui a accordé la tête du chevalier orgueilleux (pp. 84-86).

vice. Et, comme vous pouvez le voir, je suis déjà en selle et tout équipé. C'est une demande que je vous fais. Ne me la refusez pas.

Plutôt se laisser arracher un œil, et même les deux yeux, que d'y consentir! Lancelot tient à régler lui-même son compte à Méléagant, comme il en a fait le serment. Gauvain comprend qu'il est inutile d'insister. Il retire son haubert et dépose les armes. Le chevalier s'en empare aussitôt. Il a hâte d'obtenir réparation. Méléagant reste comme frappé de stupeur. «J'ai été bien fou, se dit-il, de ne pas vérifier, avant de venir ici, que je le tenais toujours emprisonné dans ma tour. Mais pourquoi l'aurais-je fait? Comment imaginer qu'il réussirait à sortir? Les murs sont épais. La tour est haute et solide. Il n'y a aucune issue possible sans une aide extérieure. Le secret a peut-être été découvert. Si les murs s'étaient écroulés, il aurait péri sous les pierres. Mais avant que la tour s'effondre, il n'y aura plus une goutte d'eau dans la mer, et la fin du monde sera là. Non, pour sortir, il a reçu un secours extérieur. Il n'y a pas d'autre explication. Maintenant, il est dehors. Si j'avais été plus vigilant, cela ne serait pas arrivé et il ne serait jamais revenu à la cour. Mais il est trop tard pour les regrets. Le vilain, qui énonce des vérités, dit qu'il est trop tard pour fermer l'étable quand le cheval a été volé[1]. Je sais que je serai

1. Nouvelle allusion aux *Proverbes du vilain.*

couvert de honte si je me dérobe à la terrible épreuve qui m'attend. Que vais-je devoir subir et endurer ? Aussi longtemps que j'en aurai la force, j'emploierai toute mon énergie à lui résister avec l'aide de Dieu en qui je crois. »

Ainsi Méléagant s'efforce-t-il de se réconforter. Il n'attend plus rien que le combat en champ clos. Cela ne tardera pas, me semble-t-il, car Lancelot est prêt à l'affronter, sûr de sa rapide victoire. Mais le roi leur demande de se rendre tous deux au pied du château, sur une lande plus belle que toutes celles qu'on peut voir jusqu'en Irlande. Ils y descendent, suivis d'Arthur, accompagné de sa cour. Les autres, dames, jeunes filles et chevaliers, s'installent aux fenêtres pour admirer Lancelot.

LA VENGEANCE DE LANCELOT

Dans cette lande, poussait un sycomore[1] qui avait été planté au temps d'Abel et au pied duquel jaillissait une source d'eau claire qui s'écoulait vivement par un conduit d'or pur sur un beau gravier brillant comme de l'argent avant de dévaler la pente à travers la lande.

C'est là qu'il plut au roi de s'asseoir. Il trouvait, en effet, l'endroit très agréable. Il donna ensuite à ses gens l'ordre de reculer.

Lancelot, aussitôt, se prépara à s'élancer vers Méléagant, qu'il détestait tant. Mais, avant de lui porter le premier coup, il lui cria d'une voix forte :

– Approche-toi ! Je te défie ! Et sache bien que je ne t'épargnerai pas !

Alors, ayant fait reculer son cheval d'une portée d'arc au moins, il l'éperonne. Tous deux bondissent l'un vers l'autre au grand galop. Ils portent

1. Arbre biblique que l'on retrouve dans les romans de chevalerie. Voir, par exemple, Chrétien de Troyes, *Érec et Énide*, Paris, l'école des loisirs, « Classiques abrégés », 2007, p. 135.

des coups si rudes sur leurs solides écus qu'ils les transpercent, mais sans s'infliger de blessures.

Emportés par leur élan, ils font ensuite demi-tour et reviennent à la charge avec toute la vitesse de leurs chevaux et donnent à nouveau des coups violents sur les écus qui les protègent. Ce sont des chevaliers de grande vaillance et leurs destriers rivalisent de robustesse et de vitesse. Les lances ne sont pas brisées, mais elles ont traversé les écus de part en part et atteint la chair vive. Sous la violence du choc, les deux chevaliers sont désarçonnés et tombent à terre. Les harnais, les sangles de la selle et les étriers n'ont pas suffi à les retenir. Les chevaux, effrayés, errent en tous sens. L'un rue, l'autre cherche à mordre, comme s'ils voulaient eux aussi s'entretuer. Lancelot et Méléagant se sont rapidement relevés. Ils tirent leurs épées ornées de lettres gravées. Les écus à hauteur du visage, ils s'efforcent de se faire le plus de mal possible avec leurs lames à l'acier tranchant. Lancelot ne redoute guère son adversaire car il est plus expert dans l'art de manier l'épée que Méléagant. Il le pratique depuis l'enfance. Tous deux s'assènent de grands coups sur les écus et sur les heaumes ornés de cercles d'or qui sont bien vite cabossés.

Mais Lancelot serre de près son adversaire. Il lui porte sur le bras droit, qui n'est pas protégé par l'écu, un coup si violent que, malgré les mailles de fer du haubert, il le lui tranche net. Blessé,

Méléagant jure de lui faire payer fort cher cette main, s'il peut y parvenir. Il éprouve tant de douleur et de rage qu'il n'est pas loin de devenir fou. Il se jette sur Lancelot, espérant le surprendre, mais celui-ci se tient sur ses gardes et, du tranchant de son épée, il lui fait une telle plaie dans les entrailles que les mois d'avril et de mai passeront avant que l'autre puisse guérir. Puis, d'un autre coup, il lui enfonce si bien le nasal* dans la mâchoire qu'il lui brise trois dents. Méléagant suffoque de colère. Il ne peut plus dire un seul mot et se refuse à demander grâce. Alors Lancelot approche, lui délace le heaume et lui tranche la tête. Méléagant est tombé. Il est mort. C'en est bien fini de lui. Mais je peux vous dire que personne, parmi tous ceux qui ont assisté à la scène, ne l'a pris en pitié. Le roi ainsi que tous les autres manifestent sans réserve une grande joie. Les plus heureux s'occupent de désarmer Lancelot et l'entraînent dans l'allégresse générale.

UN DERNIER MOT

Seigneurs, si j'en disais davantage, je serais hors de mon sujet. Il me faut donc conclure. Le roman est terminé. Godefroi de Lagny, le clerc, a mené jusqu'à son terme *La Charrette*. Mais que personne ne le blâme d'avoir continué l'œuvre de Chrétien ! Il ne l'a fait qu'avec son accord. Chrétien l'avait commencée ; il l'a poursuivie à partir du moment où Lancelot est emprisonné dans la tour jusqu'à la fin de l'histoire. Telle est sa contribution. Il ne veut rien ajouter ni rien retrancher pour ne pas gâter la qualité du récit.

Ici s'achève le roman de Lancelot, le chevalier de la charrette.

POUR EN SAVOIR PLUS

L'AUTEUR ET SON ŒUVRE

Si l'on connaît bien l'œuvre de Chrétien de Troyes, on dispose en revanche de très peu d'éléments biographiques. Il a vécu dans la seconde partie du XIIe siècle. C'était un clerc, c'est-à-dire un lettré, un homme cultivé, riche de culture antique, bretonne et chrétienne.

À l'époque où il entreprit d'écrire *Le Chevalier de la charrette*, entre 1177 et 1181, il vivait à Troyes, à la cour de la comtesse Marie de Champagne, fille aînée d'Aliénor d'Aquitaine. C'est à sa demande, précise-t-il dans sa présentation, qu'il a entrepris la rédaction de cette œuvre de commande. Sa dame lui fournit la « matière », lui-même se charge de la mise en forme.

Auparavant, il avait composé *Érec et Énide* (vers 1170), *Cligès ou la Fausse Morte* (entre 1175 et 1176). En même temps que *Lancelot*, il achève *Yvain, le Chevalier au lion*.

Alors qu'il vivait auprès du comte de Flandre, Philippe d'Alsace, il écrivit aussi, à la demande de son protecteur, *Perceval ou le Conte du Graal* (entre 1181 et 1183), œuvre laissée inachevée qui connaîtra bien des continuations, lesquelles aboutiront à l'immense corpus du *Lancelot-Graal* (vers 1225).

On sait, par le prologue de *Cligès*, qu'il est aussi l'auteur d'un roman « *del roi Marc et d'Ysalt la blonde* », version de *Tristan et Iseut* aujourd'hui perdue, très critique à l'égard de la soumission à la passion, qui fait déchoir.

L'amour et le mariage

Chrétien de Troyes, grand défenseur du mariage, s'efforce, dans une œuvre comme *Cligès ou la Fausse Morte*, de dénoncer l'amour illégitime et passionné de Tristan et Iseut. « J'aimerais mieux être écartelée que d'entendre rappeler à notre sujet l'amour de Tristan et Iseut dont on raconte des folies qu'il est honteux de redire », dit la jeune Fénice au chevalier Cligès. Et aussi : « Si je vous aime et si vous m'aimez, jamais vous ne serez appelé Tristan et moi je ne serai jamais Iseut. L'amour ne serait pas honnête. Il y aurait faute et sujet de blâme[1]. »

1. Voir Jean-Pierre Tusseau, « Lancelot l'anti-Tristan », *L'École des lettres second cycle*, n° 8, 2001-2002, pp. 3-15.

Érec et Énide et *Yvain, le Chevalier au lion* proposent une recherche d'équilibre entre la vie de couple et l'aventure chevaleresque, démarche qui peut nous sembler toujours d'actualité si l'on modernise un peu les termes et que l'on évoque les difficultés à concilier, parfois, la vie sentimentale et la carrière professionnelle.

À la cour de Marie de Champagne, se tiennent des débats, appelés « cours d'amour », à l'issue desquels on prononce des sentences consignées dans le *Traité de l'amour* (*Tractatus de Amore*) d'André le Chapelain. On peut y lire que « l'amour ne peut étendre ses droits entre deux époux. Les amants, en effet, s'accordent mutuellement toute chose gratuitement sans qu'aucune obligation les pousse. Les époux, au contraire, sont tenus par devoir d'obéir réciproquement à leurs volontés et ne peuvent en aucune façon se refuser l'un à l'autre ».

Guenièvre est reine et épouse du roi Arthur, c'est son statut social, mais c'est à Lancelot qu'elle accorde son amour, son cœur et ses faveurs, car il est clair, malgré toute la pudeur de Chrétien de Troyes, que cet amour n'est pas platonique.

Si, dans le cas de Tristan, l'amour passion faisait déchoir, Lancelot, au contraire, y trouve le surplus d'énergie qui lui permet de se surpasser et de s'affirmer comme le meilleur de tous les chevaliers de la Table Ronde.

Contrairement à *Érec et Énide* ou *Yvain, le*

Chevalier au lion, *Le Chevalier de la charrette* développe donc une thèse qui bouleverse quelque peu la morale établie, trop peut-être pour l'auteur lui-même qui a confié l'achèvement de l'œuvre à Godefroi de Lagny, préférant se consacrer à *Yvain*, plus conforme à ses convictions. Il y fait d'ailleurs référence à *Lancelot*, par exemple lorsqu'une jeune fille évoque l'absence de monseigneur Gauvain : « ... un chevalier étranger ayant réussi à enlever la reine par la faute de Keu, c'est lui qui s'est lancé à leur poursuite[1] ».

L'ÉTABLISSEMENT DU TEXTE

Proposer une traduction nouvelle d'une œuvre aussi connue que *Le Chevalier de la charrette* est une entreprise périlleuse. La traduction, qui est destinée à être lue comme une œuvre indépendante, ne manquera pas d'être confrontée d'un œil critique au texte original par les spécialistes. Il faut donc répondre à des exigences contradictoires.

L'œuvre figurait autrefois au programme de français du baccalauréat. Elle doit maintenant être abordée au collège par des élèves de cinquième. On ne traduit pas de la même façon lorsqu'on

1. *Yvain, le Chevalier au lion*, *op. cit.*, p. 108, qui traduit ainsi les vers 3700-3706.

doit aboutir à un texte principalement accessible à un jeune public.

Dans notre souci d'être le plus respectueux possible du modèle original, nous avons pris comme textes de référence deux éditions :

– l'ancienne édition réalisée par Mario Roques en 1958 et souvent rééditée, d'après le manuscrit BN fr. 794, dit « copie de Guiot », du nom de son copiste ;

– la récente édition critique réalisée par Charles Méla (1992) d'après tous les manuscrits existants. C'est d'elle que sont tirées toutes nos citations en ancien français.

Les différences entre les deux éditions sont minimes. Lorsqu'elles sont significatives, nous l'avons signalé dans une note en bas de page.

Nous avons transcrit en prose ce texte narratif initialement composé en vers octosyllabiques à rimes plates. Nous avons traduit la totalité des épisodes du roman, nous contentant simplement d'éviter les redondances et répétitions dans l'expression.

Dans un souci de clarté, nous sommes allés à l'essentiel, en évitant des périphrases compliquées qui auraient nécessité des commentaires. Ainsi, « *Si l'en mainne jusqu'an un baile / N'avoit plus bel jusqu'an Thessaile* » (vers 967-968) a été traduit par « un enclos comme il n'y en avait pas de plus beau », sans référence à la Thessalie, région de Grèce sur la mer Égée, dont il aurait fallu expliquer la mention par la fascination qu'exerçait l'Orient au Moyen Âge. Toujours en référence à des lieux, nous avons rendu : « … *les plus beles tonbes / Qu'an poïst trover jusqu'a Donbes / Ne dela jusqu'a Panpelune* » (vers 1857-1859) par « les plus belles tombes qu'on puisse imaginer ». Autre exemple : « *Que je prisasse fors cestui / La tierce part d'un angevin* » (vers 1272-1273) a été transcrit : « un chevalier comparable à celui-là », sans référence au tiers de la valeur d'un denier angevin.

Pour ne pas lasser le lecteur, nous avons abrégé les combats tout en observant scrupuleusement la succession des phases traditionnelles, édulcoré les longues considérations philosophiques ou morales (les débats intérieurs entre la pitié et la générosité, entre l'amour et la raison, le cœur et le corps), souvent empreintes de préciosité, ainsi que, parfois, les reproches de Baudemagu à son fils Méléagant. Enfin, nous n'avons pas repris la totalité de la description des armoiries des chevaliers présents lors du tournoi de Noauz.

Nous avons unifié le temps du récit et rédigé l'ensemble au passé, ne gardant les sautes au présent que lorsqu'elles apportaient un effet stylistique évident : impression de direct ou mise en valeur d'un événement particulièrement important, comme l'irruption de Méléagant à la cour du roi Arthur, qui est le déclencheur de toute l'œuvre, l'épisode de la charrette, le franchissement du Pont de l'Épée, et aussi pour marquer la rapidité du voyage de Lancelot jusqu'à Noauz, où doit se dérouler le tournoi, et, enfin, les scènes de combat.

GLOSSAIRE

AMBLE : pour un cheval, marcher en avançant en même temps les deux pattes du même côté, ce qui permet au cavalier de ne pas être trop secoué.

ARÇON : armature de la selle en forme d'arcade. Désarçonner signifie « sortir des arçons ».

AUNE : unité de longueur qui équivaut à peu près à un mètre vingt. Comme pour notre mètre, le même mot désigne la mesure et l'instrument qui sert à mesurer.

BLIAUT : longue tunique avec manches, portée par les hommes comme par les femmes. En tant que vêtement féminin, il s'agit d'une robe ajustée au buste par des lacets.

BRETÈCHE : ouvrage fortifié de bois ou de pierre, muni de créneaux. Petite loge avancée sur une fortification.

CHAUSSES : les chausses correspondent aux bas d'aujourd'hui. Il en existe deux sortes : chausses de soie ou de riche étoffe et chausses de mailles pour le chevalier.

Clerc : un clerc est un lettré, généralement, mais pas obligatoirement, membre du clergé.

Combat ou duel judiciaire : on pensait alors que Dieu, dans son infinie justice, n'aurait permis ni la défaite ni la mort d'un innocent. C'est ce qu'on appelait aussi une ordalie. La cause du vainqueur était donc toujours la bonne. Saint Louis interdit cette forme de « justice » en 1258.

Complies : au Moyen Âge, les divisions de la journée correspondent aux offices religieux : matines (minuit), laudes (trois heures du matin), prime (six heures), tierce (neuf heures), sixte (midi), none (quinze heures), vêpres (dix-huit heures) et complies (vingt et une heures).

Congé : autorisation de s'en aller. Les conventions sociales imposent de demander congé et d'attendre que ce congé soit accordé sous peine de grave impolitesse. « Avant de partir, ils ne manquèrent pas à l'usage de prendre congé de la dame, du seigneur et de tous les autres. »

Connétable : serviteur affecté au service des tables.

DESTRIER : robuste cheval de combat que l'écuyer mène de la main droite (ou *destre*), d'où son nom.

ÉCARLATE : étoffe précieuse de laine ou de soie dont la couleur n'est pas obligatoirement rouge.

ÉCU : bouclier. Lors des déplacements du chevalier, c'est généralement l'écuyer qui porte l'écu, d'où son nom. Le chevalier peut suspendre l'écu à son cou à l'aide d'une courroie, la guiche, ou le tenir en passant son avant-bras dans deux lanières, les énarmes.

ÉCUYER : jeune homme noble aspirant à la chevalerie qui accompagne le chevalier dans ses déplacements en portant son équipement de combat, dont l'écu, d'où son nom.

ÉMERILLON: petit faucon au vol rapide utilisé pour la chasse.

ÉNARMES : voir « écu ».

ESCARBOUCLE : variété de pierre précieuse dure, généralement d'un rouge foncé.

ÉTRIVIÈRES : courroies par lesquelles les étriers sont suspendus à la selle.

GONFANON : enseigne d'étoffe attachée à la lance.

GUICHE : voir « écu ».

GUIMPE : sorte de coiffure de lin ou de mousseline qui voilait en partie le visage des dames et qu'il fallait rabattre sous le menton pour pouvoir parler.

HANAP : coupe pour boire.

HAUBERT : partie de la cotte de mailles qui protège le buste. Le haubert est pourvu de manches et comporte généralement un capuchon. C'est un vêtement lourd que l'on peut difficilement enfiler ou retirer sans aide.

HEAUME : casque. Le heaume est parfois orné de pierreries ou de cercles d'or. Sur le devant, une barre de fer, le nasal, protège le nez.

HÉRAUT D'ARMES : issu d'un milieu modeste ou du monde des jongleurs, le héraut est chargé d'annoncer, lors d'un tournoi, les joutes et le nom des adversaires reconnaissables à leurs armoiries. C'est aussi à lui que revient la tâche d'identifier les morts.

LIMONS : pièces de bois entre lesquelles on attelle le cheval.

MANTEAU : vêtement long ou court, dépourvu de manches, qui ressemble à une cape. Le manteau court peut être porté pour monter à cheval.

MUID : mesure qui servait pour les grains, les liquides, le sel, et dont la capacité variait selon les régions. Un muid valait à Paris deux cent soixante-huit litres pour le vin et mille huit cent soixante-douze litres pour les matières sèches.

NASAL : voir « heaume ».

NONE : division de la journée. Voir « complies ».

ORDALIE : voir « combat ou duel judiciaire ».

PALEFROI : cheval de marche ou de parade. Les demoiselles chevauchent des palefrois, non des destriers.

PERRON : grosse pierre qui sert de margelle au bord d'une fontaine, mais c'est aussi une sorte de marche dont s'aide le chevalier pour monter sur son cheval.

PETIT-GRIS : écureuil dont la fourrure d'un gris bleuté est très prisée au Moyen Âge et utilisée principalement pour orner le col des robes et des manteaux.

PILORI : poteaux surmontés d'une plateforme et d'une roue à laquelle on attachait un condamné sur une place publique.

POTERNE : petite porte dérobée dans le mur d'enceinte, ouvrant sur les douves (fossé rempli d'eau qui fait le tour du château).

PRIME : division du jour. Voir « complies ».

ROBE : la robe n'est pas un vêtement spécifiquement féminin au Moyen Âge. Elle s'apparente à la tunique ou au manteau.

RONCIN : robuste cheval de trait ou de charge. Un chevalier ne chevauche jamais un roncin.

SAMIT : étoffe orientale de soie, satin.

SARDOINE (de « sardonyx » : onyx de Sardaigne) : pierre fine de couleur brune.

SÉNÉCHAL (du francique « siniskalk », désignant le serviteur le plus âgé ; latin : *senex*) : serviteur qui a la charge de la maison du roi, ou d'une seigneurie importante, et responsable, notamment, des finances. Personnage traditionnellement peu sympathique. Judas était le sénéchal des apôtres.

SETIER : unité de mesure du grain qui valait entre cent cinquante et trois cents litres selon les régions.

VALET : le terme désigne un jeune homme, souvent d'origine noble, au service d'un seigneur. Le sens moderne de « domestique » n'apparaît qu'à partir du XIIIe siècle.

VAVASSEUR : vassal de vassal, c'est-à-dire chevalier tout en bas de l'échelle féodale. Dans les romans, loin d'être méprisés, les vavasseurs sont présentés comme sages et accueillants.

VENAISON : gros gibier.

VÊPRES : division du jour. Voir « complies ».

VILAIN (du latin *vilanus*) : habitant d'une villa, domaine rural, donc paysan. Le terme s'applique à l'ensemble du peuple.

BIBLIOGRAPHIE

Texte original

– Chrétien de Troyes, *Le Chevalier de la charrette*, publié par Mario Roques, Paris, Champion, « Classiques français du Moyen Âge », 1958, réédition 1983, 242 pages. (Édition d'après le manuscrit BN fr. 794, dit « copie de Guiot », qui a longtemps fait autorité.)

– Chrétien de Troyes, *Le Chevalier de la charrette*, édition bilingue. Publication, traduction, présentation et notes par Catherine Croizy-Naquet, Paris, Champion, 2006, 515 pages. (Cette édition garde pour manuscrit de référence la « copie de Guiot », qui offre un texte « jugé à la quasi-unanimité comme le meilleur de tous », avec quelques corrections.)

– Chrétien de Troyes, *Le Chevalier de la charrette ou le Roman de Lancelot*, édition critique, d'après tous les manuscrits existants, traduction, présentation et notes de Charles Méla, Paris, Livre de Poche, « Lettres gothiques », 1992, 478 pages.

(Ce sont nos éditions de référence.)

Traductions

– Chrétien de Troyes, *Lancelot ou le Chevalier de la charrette*, traduction de Daniel Poirion, Paris, Gallimard, « Folio classique », 1996, 219 pages (avec présentation et notes de Mireille Demaules).

– Chrétien de Troyes, *Le Chevalier de la charrette*, traduction de Charles Méla, Paris, Livre de Poche, « Classiques médiévaux », 1996, 188 pages (avec commentaires et notes de Catherine Blons-Pierre). (Cette édition était destinée aux lycéens alors que l'œuvre figurait au programme de français du baccalauréat.)

– Chrétien de Troyes, *Lancelot ou le Chevalier de la charrette*, traduction de Jean-Claude Aubailly, présentation, notes, choix des extraits et dossier par Hervé-François Fournier, Paris, Garnier-Flammarion, « Étonnants classiques », 2003, 159 pages. (Texte abrégé, amputé d'épisodes importants, comme la nuit d'amour ou le tournoi de Noauz.)

Études

– Jean Frappier, *Chrétien de Troyes, l'homme et l'œuvre*, Paris, Hatier, rééd. 1969.

– « *Lancelot, le Chevalier de la charrette*, de Chrétien de Troyes », *L'École des lettres second cycle*, n° 88, 1997 (coordonné par Claude Lachet).

– Emmanuelle Baumgartner, *Chrétien de Troyes, Yvain, Lancelot, la charrette et le lion*, Paris, PUF, 1992.

Pour suivre toute la biographie de Lancelot du Lac

– Jean-Pierre Tusseau, *Lancelot du Lac*, Paris, l'école des loisirs, « Classiques abrégés », 2000, 277 pages.

TABLE